无互动，不营销
No Interaction, No Marketing

马涛 编著

清华大学出版社
北京

图书在版编目（CIP）数据

无互动，不营销 / 马涛编著. —北京：清华大学出版社，2020.4
ISBN 978-7-302-53356-6

Ⅰ．①无…　Ⅱ．①马…　Ⅲ．①市场营销学—研究　Ⅳ．①F713.50

中国版本图书馆 CIP 数据核字（2019）第 168298 号

责任编辑：纪海虹
封面设计：甘　玮
责任校对：王荣静
责任印制：宋　林

出版发行：清华大学出版社
　　　　　网　　　址：http：//www.tup.com.cn，http：//www.wqbook.com
　　　　　地　　　址：北京清华大学学研大厦 A 座　　　　邮　编：100084
　　　　　社 总 机：010-62770175　　　　　　　　　　邮　购：010-62786544
　　　　　投稿与读者服务：010-62776969，c-service@tup.tsinghua.edu.cn
　　　　　质量反馈：010-62772015，zhiliang@tup.tsinghua.edu.cn
印　装　者：北京鑫海金澳胶印有限公司
经　　销：全国新华书店
开　　本：190mm×255mm　　　印　张：13.25　　　字　数：281 千字
版　　次：2020 年 4 月第 1 版　　　　　　　　印　次：2020 年 4 月第 1 次印刷
定　　价：68.00 元

产品编号：078385-01

序

　　营销界从不缺用"新词汇"去证明存在感的人或集体，比如，"整合营销""数字营销""内容营销""营销3.0/4.0"，当然还有本书的焦点话题"互动营销"。自互联网兴起，社交平台盛行，"互动营销"就成为行业内人士最爱的时髦词之一。然而很多时候，我们对营销工具的热爱，远远大于对营销目的的执着和营销真理的探寻。

　　互动营销是一个大课题。虽然在达成与消费者的互动这件事情上已经没有人再质疑互动营销的重要性，但现如今，营销领域正在经历并正在发生变革与重构，当数据与技术迈向主流，当社会化媒体成为营销标配，当内容成为新的流量入口，当全民向移动端转移，新的问题接踵而来：营销如何互动才更有效？互动营销，在企业数字战略中发挥何种功能？互动营销所追求的与消费者沟通的核心究竟解决的是品牌与渠道的升级问题还是整个营销模式的颠覆？与传统营销相比，互动营销在营销的战略环节，究竟哪些变了，哪些没有变？什么才是最有效的互动营销方式？营销如何和数据进行结合，在哪些维度上结合？如何把握"互动"的发展趋势？无论是品牌主、媒体、代理商，每个营销角色都在追问并思考，寻求突破与变化。

　　这正是策划编写本书的原因。在相继走访品牌企业英特尔、安踏，媒体平台谷歌、腾讯、阿里妈妈，营销服务机构凯络中国、尚扬媒介，与一线的营销人士面对面交流之后，我们用专访文章来探讨互动营销的趋势动向、规则变化、方法创新，深刻揭示变化背后的核心逻辑，并收集整理出优秀的营销案例，包括数字整合营销、电商营销、社交营销、户外新媒体营销、数据营销、智能电视大屏营销、内容营销等领域，最终得出一些发现和体会：互动不仅仅是营销的工具和手段，同时也是营销的最高境界。

目　录

第一部分　营销的互动之意

第二部分　互动营销之我见

第三部分　互动营销精选案例

第一部分　营销的互动之意

拨动互动之弦

本书聚焦"互动营销",笔者突然忆起不久前同学聚会,老同学很怀念广院(中国传媒大学)舞台。那个只有电视台老炮才记得的经典时刻,那个如今早已不复存在的小礼堂,那个让人津津乐道爱恨交织的哄台传统:嘘声如雷、漫天纸飞机。对于登台表演的人而言,上台好比过鬼门关,但又无比渴望,欲罢不能。与其面对黑压压毫无反应的黑影看客,这些有血有肉的活生生的哄台观众反倒更能激起表演欲望及创作激情。舞台的魅力也在于此。

回到本书焦点话题,研究团队在相继走访腾讯、谷歌、阿里妈妈、英特尔、群邑、电通安吉斯……世界级的创新企业、一线营销的操刀者,都被一一网罗,探讨的话题就是"营销"——一个本人也很困惑、纠结的话题。

当下"营销"的内涵外延早已跳脱出市场营销范畴中的专业词汇,呈泛滥之势:受众视角有面向大众的"大众营销""合众营销"及相对的"精众营销""分众营销";方法论层面有借势为名的"事件营销",以粉丝论成败的"口碑营销"等。此外,还有腾讯提及技术数据驱动智能演进的"数字营销",以及与其呼应的阿里妈妈以精准捕捉数据赋能的"全域营销"……

"营销"究竟是什么?教科书、行业协会都已给出太多版本的概念解释,笔者更倾向于"营销是供需双方消除信息不对称以达到交易的平衡状态"的简明概括。即供方明确需方的需求痛点,需方获悉

无互动，不营销

供方的服务所在，信息传递中促成交易的可持续的循环过程。营销实施中伴随着各种工具的动用：借助心灵沟通的"情感营销"、主打真实感知的"体验营销"、侧重数据收集的"精准营销"，其中也包括本期封面关注的、也是行业内外热议的、至今仍在被定义和探索中的以互动为名的"互动营销"。

关于互动，有两层问题需要进一步明晰：第一层，互动的主体是谁？是小礼堂里的表演者与观赏者、市场经济中的生产者与消费者、营销过程中的供方与需方，他们在互动情景中完成交易行为，达到营销目标。第二层，如何实现互动？互动需要什么条件？自营销出现以来，营销人士出于渴望和本能一直在苦苦寻觅营销的终极真理，尽其所能地搜集、获取信息，捕捉需求，无所不用地曝光展示传播诉求，催生了各种眼花缭乱的理论派系和方法论。互联网更是让以往的营销规模乃至沟通效率实现了几何级上升，形成了前所未有的现实与虚拟胶着的平台。巨量的多维信息在平台自由流动，信息连接和交换实时发生，如同表演者瞬间获得观众的眼神和反感的嘘声，生产者能立即感知消费者的需求和退换货要求，双方彼此进入一个情境，而这正是互动的先决条件。互动情景的外层表现是对方反馈的真实获取和实时响应；深层内核则是心灵世界的感知相通、价值观的情感认同，互动双方突破信息屏障、时空阻隔，达到共享、共通、共创的状态。

行文至此，众人所怀念的广院核桃林小礼堂舞台，震耳发聩的现场嘘声、漫天飞舞的纸飞机、表演者的毫不畏惧、观赏者的尽情投入，即可理解为一个真实世界的互动情境。感谢互联网让营销的舞台可以无限大，表演者和观赏者可以无限多，信息内容可以无限广。然而互联网带给营销者最根本的革命性变化在于：巨大的无边界平台；巨量的多元信息；真实的即时反馈。人与人一旦步入这个平台当中，既可以装腔作势，也可以真情流露；既可以脚踏实地，也可以天马行空；既可以耶稣降临，也可以撒旦现世。而这一切都在互动中完成。

为什么广院人会怀念那个破旧的小礼堂？其实是在怀念那种忘情的投入，那种毫不做作的张狂，一个被压抑的久违的本我。对于经营者而言，这种互动的融入状态不正是营销的终极目标吗？世界杂乱，信息喧嚣，只有人与人的真情互动方可拨动那个尘封的、僵硬的、麻木的心弦。

对不？

中国传媒大学广告学院教授
国家广告研究院常务副院长
中国广告博物馆馆长
黄升民

互动营销的变与不变

互动营销并非新事物,但从今天来看,这个领域的热闹程度也是前所未有。在过去几年间,我们经历了社交平台的崛起到大数据和云计算的广泛应用,从移动互联网来势汹汹到万物皆联网,技术的进步不断推动商业环境和规则的改变,出现了新的热点,趋势纷呈。这些都时刻考验着营销者拥抱变革的态度和行动力。

一、那些值得关注的趋势变化

当互联网使得人与人、人与产品、人与信息可以实现"瞬联"和"续联"，这种高度联接的产生可以追踪到数据轨迹，使得消费者被追踪，营销的每个环节可以用数据来说话，并在联接中实现消费者的参与，实现企业的动态改进，此时，互动营销的确发生了一些改变。

1. 新消费时代

新消费时代，消费者端的变化有三个方面：一是难以捉摸的消费趋势；二是新生代消费群体；三是挑剔且多样化的消费需求。

时下，消费者越来越难以捉摸，他们关注什么？他们想要什么？消费状态下消费者存在不可确定性，营销者即使是借助数据和观察手段也难以给出"消费者行为主要是受理性控制还是被潜意识影响"的最终结论，有人将这一趋势概括为量子态消费者。典型表现是面对消费升级的趋势，大多数品牌都低估了中国中产阶级突然爆发的购买力和迅速提升的消费品位。

当前互动营销还需要面对全新的消费群体——新生代消费者。无论是流行文化还是消费趋势，身为网络原住民的"90后"和"00后"正在取代身为网络移民的"70后"和"80后"，成为趋势的引领者和定义者。Instagram和Snapchat为代表的实时和即时社交媒体慢慢地在年轻用户的引领下从小众走向主流。亦实亦虚的空间中，面对新的消费对象，品牌不惜放下身段讨好年轻消费者。

以上这些都还不是最麻烦的，移动互联网时代的消费者统统被惯坏了，他们变得挑剔，一些被营销者认定为刁钻的需求也层出不穷。他们不仅无法忍受"千人一面"的营销模式，甚至对于无法主动、快速识别其独特兴趣点、期望与需求的企业，基本也无法容忍。能否与其长期持续地沟通，就要求企业从每一次用户互动中快速理解、推断与学习，然后利用这些信息从洞察力中发掘新机会。互动营销不再是线性、平面、静态的沟通，而是立体、动态、随消费者的日常生活情况作出即时回应的动态传播。

2. 营销工具"红与黑"

如何看待互动营销在操作实践领域的变化趋势？即"一红一黑"。"红"正是时下风口浪尖的热门媒体平台和新业态应用，如"网红社群经济"，并且"红"的应用范围在不断扩展，"红"的定义也在不断迭代。

"网红"早已从社会现象变成了经济现象。大量的粉丝、强大的话题性、惊人的商业变现能力、日益延伸的产业链，使其成为焦点。"网红"本身也从秀场主播到专业达人遍布社会生活的各个领域，电竞、茶艺、健身、旅行等，加上直播的互动形式，品牌如何有效利用"网红"直播，培养粉丝消费需求，实现品牌溢价并拉动销售成为新的议题。另外，"红"的不一定是真人，又呆又萌的它们本身也具有营销力——"熊本熊"出任聚划算代言人;"小黄人"为 VIVO 拍了两支电视广告,还定制了限量版手机;"哆啦 A 梦"则为手机淘宝站台;而麦当劳也请到"史努比"一起推出黑白营销战役。

互动营销在策略上的"黑"则体现在各类神秘高深的"黑科技"——AR、人工智能 AI、大数据应用,等等。互动营销因为科技演进而进入了全新发展时代,从观剧吐槽刷弹幕、直播互动打赏献礼,到热追虚拟现实黑科技等。如哈根达斯曾推出一款 AR 应用——Concerto Timer,只需下载 APP,通过摄像头对准哈根达斯商标,瓶盖上即出现虚拟的音乐家演奏小提琴曲。

品牌通过技术重塑用户体验场景,带来身临其境的用户体验,构建了品牌与用户相互对话的新沟通环境,加深了用户对品牌的深入认知和情感联结。互动营销的技术应用,不止以上那些描述,在移动互联网快速发展下,未来会有更多能改变现在互动体验的技术诞生。技术虽重要,但要更加巧妙地将创意融合其中,并且完善体验,只有这样才能更好地被用户所买单。

3. 日趋跨界融合的平台

互动营销的"平台"有什么变化?这里的"平台"不仅仅是单一的媒体平台,它集成信息,生成海量内容,对于营销决策者来讲,也是整合使用的资源集合。互动营销的主战场,主要是围绕以下五个主要平台展开的。

一是社交网络平台。社会网络平台从各个方面都在逐年变强,无论是更有效的广告展示或内容分发能力,抑或是商品销售的转化能力。社交网络已经被证明是企业品牌传播的优秀阵地,不仅是品牌同大多数活跃用户交流沟通的热点场所,并能吸引大量粉丝和追随者,而且还能指导中小型企业获取业务线索。

二是内容聚合平台。由编辑生产内容(OGC)、用户生产内容(UGC)、专业生产内容(PGC)三足鼎立的各类综合或是垂直的内容聚合平台成为品牌连接用户的天然阵地,让品牌在原生、内容方面跟每一个用户进行充分接触,通过原生的资讯、热点事件、原创栏目、原创内容结合社会的热点,还有"网红"、KOL,方方面面去覆盖。

三是电商交易平台。电商不再是过去的销售平台,而是消费者多维度的生活圈,从开始的"买、买、买"演变为逛、玩、交流、互动、分享等,呈现电商形态的社区平台。人与商品的互动更加密切,缩短了消费路径,随景即购,使得消费者与品牌的每一个接触点都有转化为销售的可能。

四是移动媒体平台。微信、微博、超级 APP、移动 DSP 都是品牌尝试的领域,基于移动端来互动,甚至是移动为先,单纯为移动设备去开发全新的内容,这些都获得了更多品牌的肯定。然而,移动领域的互动营销由于缺少一种获得广泛接受的可信指标和评估方法,导致其增长未如预期。

五是平台从稀缺到丰腴。品牌的选择虽多,但核心基准只有一个——为在对的时间、对的渠道找到它们的消费者。拥有决策权的广告主,选择何种平台考量的是媒体平台的联接价值,背后联接了怎样的人群,并非拘泥于它的形式;而那些能够为消费者传递完整的联接体验及营销活动的融合平台在营销者那里往往享有更高的优先级。

4. 大数据越来越大

庞大的互联网世界不断充斥进海量杂乱无章的数据，而这个数据量将保持持续规模增大态势。全球 65% 的营销人员已经认识到必须采取措施对数据进行有序管理，并主动对数据进行有效分析，从而保持企业在市场上的竞争力。数据的支撑和驱动是互动营销的基础。对于从事互动营销领域的公司而言，数据分析已成为它们赖以生存的关键，也是必要的装备。

企业越来越希望能够全面了解它们的消费者。在数据应用方面集中在三个领域：完整消费者画像、预测营销、归因模型。

理想很美好，但是大数据的真正挑战在于平台之间的自我封闭和互相防备，消费者的多重网络身份和信息碎片化，以及数据分析的难度和限制（语义化分析和机器学习的能力），是追求个性化体验最大的挑战。大多数的品牌选择妥协，选择从群体化体验入手。它们把你和某一类人进行归类、比照，这是为什么类似服务不能精准的原因。

5. 恒定不变的营销通则

每年 ChiefMartec.com 网站都会发布由 Scott Brinker 制作的年度"营销技术概览超大图"（Marketing Technology Landscape Supergraphic），总结全球主流的营销技术。2018 年 4 月发布的版本涵盖 49 个类别，7 040 个技术方案，继续保持两位数的增长幅度。

如今，当我们在谈论互动营销时，我们在谈些什么？内容营销、移动营销、原生广告以及程序化购买……这些曾经被认定的营销趋势已经降级为这张大图中的营销工具和解决方案。什么才是互动营销领域真正的发展趋势？总结这一轮互动营销的趋势动向，有以下三个明显特点。

(1)技术依赖。技术让互动营销原有的媒体平台和营销工具更加智能化，技术丰富了广告创意的表现形态，同时还颠覆了与消费者的交互方式。(2)用户参与，多维互动。品牌或营销人员越来越需要创造高度个性化的内容，并利用互动性因素来让消费者参与进来，让消费者成为品牌内容的传播者、营销者、生产者。(3)销售转化。随着大数据、人工智能等的普及，品牌主更加注重目标考核和效果监控，从声量、流量到销量，品牌主从未像现在这样关心效果、关心销售，所有互动营销的结果最终将导向促进销售实效。

环境变、工具变，互动营销随之而变，但是，营销最根本的准则和理念并未发生实质性的变化。首先，互动营销的沟通功能没有变，目的是去影响受众、感染用户，使用户和品牌之间产生正面的关系。当前的变化无非是让品牌与消费者沟通这件事变得更直接、更有趣、更有意义。其次，人性没有变。掌握工具和洞察人性是营销的两面，运用人性的真理，找到新鲜的看法。人在生活中对正能量的向往，对个人实现理想的追求，对自我提升和美好未来的向往是不会变的。另外，好的故事依旧有魅力，我们总是被好的故事所吸引。如今这个标杆并没有降低，你必须要有一个真实原创、构思绝妙、文化内涵的品牌故事。

二、拥抱互动营销的正确姿势

我们处于变幻不断的时代,除了跟上变化的步伐,别无选择。在互动营销的这些新变化面前,以前形成的一套固定的营销规范标准和流程部分已失灵,新的游戏规则需要新的玩法。对于品牌来说,善于整合技术和人才,用数据驱动的策略讲好故事,与用户共创内容,设计用户体验,或许才是拥抱变化的正确姿势。

1. 让内容流动起来,共同创造

那些真正有价值的内容,用户是愿意主动关注并参与的,品牌需要把握与消费者互动的关键时刻,让内容流动起来,流向任何消费者所在的地方和渠道。更为关键的是,品牌将不再拥有和控制内容,而是将和用户一起创造和共享内容。

共创内容方面,品牌有了更多选择:与粉丝、平台的内容共创,用户自发围绕品牌而创作的文字、图片与视频,成为营销重要一环。此外,品牌还可与品牌之间进行创意合作,基于目标消费者之间的形象互补,表达新锐的生活态度与审美方式。当粉丝、自媒体、媒体平台、品牌自身都具有媒体传播属性,彼此之间的内容共创不仅可极大解放品牌主的生产力,更易生产出小众个性化、更有针对性的品牌内容。

【资料链接】

在相机领域中脱颖而出的 GoPro,其崛起的关键在于成功捕捉了那些喜爱极限运动的探险者。2010 年,GoPro 第一次在 YouTube 上开通了第一个视频频道,汇集了所有 GoPro 用户在自己的探索历程中发现的精彩和快乐。新上线的频道内容五花八门,有体育爱好者,有登山冒险家,还有极限摄影爱好者,但是相同的地方在于,这些用户都在 YouTube 上为那些潜在的运动爱好者开启了新的角度来看待外面的精彩世界。

随后,Gopro 通过在 YouTube、Facebook、Twitter、Instagram 等主流社交媒体上打造 GoPro 频道,定期推出专业或趣味的极限运动视频,在鼓励消费者上传视频的同时,也对视频的评论和问题进行统一管理,同时,对评论中的问题进行一些解答,在满足潜在消费者的需求同时也完成与用户的互动,并成为极限运动爱好者的聚集地。

2. 与其跟随,不如创造价值认同

从对网络流行语的生硬套用,到对社会热点的变态关注和嫁接,很多品牌都迷失在对用户和网络流行文化的"迎合"中。与其追赶迎合式贴近,不如创造价值认同的品牌新认知。

不论是欧莱雅的内容工厂"生产"美妆视频教程、耐克打造健身社区,进行整合知识传播,打造交流的渠道平台，还是米其林为了销售轮胎，倡导汽车出行，出版发行美食及旅游指南书籍的《米其林指南》及影响用户生活方式，都是在通过建立人与信息、人与人之间的联系，进而建立人与品牌之间的联系，这种联系基于品牌与用户之间的"共享利益和共同价值"，为消费者提供生活方式，也是传递品牌的价值观与文化。当消费者愿意使用或享受这种生活方式，认同这种价值观或文化，他们就是品牌的最佳代言人。品牌此时变成了一种符号，变成了一种生活方式的象征。

3. 数据成为资产，从媒体公司到数据公司

在传统营销时代，消费者被掌握在代理商及经销商手中，如诸侯王一般；在互动营销新时代，对于消费者数据的留存便如同厂房、办公楼、商标一样，是企业的数字资产，既可以帮助企业精细化地营销也可以帮助企业抵抗管理上的风险。当意识到社交媒体数据将成为企业 CRM 的关键部分，通用汽车 2014 年开始自己打理社交媒体；当程序化购买和个性化内容成为用户体验提升的核心，Kellogg 和 Kimberly-Clark 自建了媒介购买中心和用户数据中心，以此来保证数据的安全和控制。

通过数据驱动的策略来设计营销活动，不仅仅是企业，专业营销机构也在不断强化自身数据能力：阳狮集团在 2015 年年底宣布创立"孵化"项目，投资数字领域方面的初创公司；电通安吉斯 2016 成立了一个打通旗下各品牌数据的"数据实验室"；群邑则在近期发布三个数据相关的产品——数据洞察产品"蜂鸟"、来自 WPP 全球大数据平台的 Compass、为程序化购买作准备的"优质媒体资源平台"。

需要重视的是，与其单单看重如何用数据锁定客户，营销者似乎更应该关注如何用大数据给用户创造价值。思维是否可以转化一下，不问大数据能为我们做些什么，而是关注大数据能为客户做什么。例如，亚马逊基于用户浏览行为数据的个性化推荐，简化了购买流程。为用户创造新价值才是数据真正的贡献，只有这样，营销人员才可以把数据转化成真正资产，从而保持持续的竞争优势。

4. 重视用户体验设计

移动互联和智能终端的盛行，为营销者创造了新的机会：通过有效地利用数据、技术和讲故事，营造积极的、身临其境的体验，为消费者提供更好的服务。营销不再局限于品牌沟通，而是可以将品牌融入用户的生活中，创造难忘的体验。这里的体验是什么？"体验"如同传播中讲一个动听的故事一样重要，但这不完全是广告主讲给消费者听，而是品牌提供机会和适当的工具，让消费者自身叠加出前所未有的新经验和新视野来。

用户体验是可以设计的。用户购买流程的简化和用户体验的增值是用户体验核心设计的两个关键点。实现这两点，需要企业在人才、流程、技术和文化上的转型。Forrester 十大成功因素中的六个因素都是与企业内部变革相关的。这就意味着，互动营销的核心竞争力已经从现在比拼创意的"外功"逐渐深入数据管理和内部转型的"内功"。

三、互动营销下一站：真机会与伪机会

未来无限美好，但是现实很骨感。在互动营销快速演变进程中，真机会与伪机会并存，甚至是一些绕不过的坑。品牌、媒体平台、营销机构对互动营销新趋势的热情追捧，也从另一个程度反映出营销人员对此的焦虑与困惑。

科技驱动还是驱逐创意？在这一轮的营销变革中，技术与创意的结合运用是最为明显的趋势。一个是理性科技，冰冷的数据，一个是感性创造，温暖的触动。彼此融合共存带来全新的互动体验，但是共存并不等于没有竞争。"科技驱逐艺术"类的观点认为，技术正在挤压艺术的生存空间，这一点从4A广告和公关公司的江河日下以及数据营销和技术型营销公司崛起的现实再次得到印证。好创意＋好技术是品牌渴求的Agency品质，但技术数据不断加码，营销变得智能，其中真正体现艺术创造的人的价值又体现在哪里呢？

试图控制还是创造认同？传统营销着眼于控制，通过操纵议程来影响舆论创造需求；互动营销着眼于影响，通过互动来寻找品牌与消费者的利益共同点。虽然这是营销人所标榜的"信仰"和"底线"，但都要在现实面前弯腰、低头。"病毒视频"往往要靠广告和导流来包装；品牌社区粉丝黏度的对立面往往也有不和谐的声音，如那些负面吐槽；打着参与分享名号的活动，真正吸引到的是那些为奖品而情愿出卖隐私的用户。营销费用可以用来掌控媒体和自愿投放，却难以控制用户。用户就像流沙，我们攥得越紧，流失越快。但是营销者依然醉心于控制，制定精准个位数的KPI来预测和监控数字营销的执行。这种控制欲无法在现实互联网世界得到满足，只能由"水军"和"僵尸粉"代为实现。

追求效果还是看重品牌？对于品牌来说，销售实效和品牌传播有完全不同的考核指标。一些超强实力的媒体平台，在企业打造品牌和销售效果上提供了新的机会可能；但营销毕竟不是销售，互动的价值也并非购买，那些真正深谙营销之道的企业，相比产品销售的短期利润，品牌的未来成长和持续才是企业关注的核心焦点。

互动营销的下一站，不仅需要策略的平衡，更需要方法的取舍，参与其中的营销者需要在每一次与消费者的互动中，快速理解、推断与学习消费者行为，通过数据分析发掘新机会，内容和创意的未来决定于组织转型和模式创新的成败，这也将是互动营销完成从概念思维到"营销的新渠道"转变之后，向"商业的新模式"的发力点。

（整理/马涛 中国传媒大学广告学院讲师、博士）

第二部分　互动营销之我见

数字营销已进入"下半场"

——专访原腾讯副总裁郑香霖

　　科技浪潮带来的技术变革"洪水猛兽"般地解构和重组了传统广告代理制度,数字化时代下新兴媒体层出不穷,"精准"成了各方力量摇旗呐喊的口号。数字营销时代,互联网作为操作系统融入社会的方方面面,作为正在崛起的网络媒体则成为数字营销的中坚力量。而腾讯则是其中的佼佼者之一。

　　背靠庞大的平台,腾讯如何在数字时代玩转互动营销?微信和 QQ 组成的社交帝国在其中扮演什么样的角色?人工智能和大数据如何融入数字化营销?带着这些问题,《媒介》记者几经波折对时任腾讯公司副总裁的郑香霖进行了专访。且看广告"狂人"郑香霖如何解读互动营销。

一、"内容＋技术＋产品"驱动数字营销的三大转变

作为依附性经济，广告业发展态势受整体经济形势影响较大，尤其在新常态下，创意驱动的广告运作模式已经发生了翻天覆地的变革。在郑香霖看来，数字营销发生了一些变化。

记者：如何看待数字营销领域的巨大变化？

郑香霖：近年来，在经济新常态下，整个行业都面临各种各样的挑战，加之移动端爆发增长阶段已经过去，数字营销领域进入了"下半场"，之前靠用户推动的趋势，将逐步变成依靠内容、技术和产品来驱动的精耕细作阶段。在这个阶段，对行业的考验是必须借助优秀和卓越的内容创意与技术手段，才能够换来超越行业的成功和增长速度。

记者：您所提到的"下半场"给整个营销环境带来了哪些变数？

郑香霖：新技术、新的商业模式和新型消费者使营销行业的格局发生快速变化。具体来看，数字营销领域有三大转变：

其一，移动生活带来了全新的沟通机会，如今在各个领域移动端已超越 PC 成为网络第一入口。以微信为例，截至 2016 年上半年其与 WeChat 的合并月活跃用户已经达到 8.06 亿。

其二，年轻消费势力已经崛起，"90 后""00 后"成为企业关注的焦点。这些年轻人沉浸于网络娱乐，擅长应用各类网络工具。而在大数据基因的支持下，对于年轻人的洞察也成为腾讯的一大优势。

其三：急速变化的媒体消费模式。在移动时代，消费者与媒体的关系已由单向的发布接受转变为全面的互动。最典型的例子是春节期间的微信红包，2016 年春节期间，1.8 亿人加入微信抢红包阵营，让微信红包成为春节期间最活跃的数字营销媒介。

记者：在这样的转变下，数字营销的风口又在哪里？

郑香霖：如今，移动、技术和大数据已成为中国数字营销的热点。其中，大数据扮演的角色，就如同 20 世纪的石油对经济的重要性。马化腾先生解释"互联网＋"的时候说，过去的能源可能是石油、电力，而新能源则可能是通过链接、通过大数据而形成。能源是有限的，我们怎样通过智能管理、互联网实现资源更优化的分配，这是我们整体的挑战。如今，各大公司都希望攫取数字市场的灵魂，在各自称雄的疆域和新领土占据优势地位。

二、开放亿万数据，腾讯打破"孤岛"

诚如郑香霖所言，大数据成为"下半场"的关键所在。关于大数据，"开放"和"共享"成为他提

及最多的两个词。

记者：您刚刚提到大数据的重要作用，那么您认为当前中国大数据发展还存在哪些问题？

郑香霖：虽然大数据正处于风口，但其存在的问题仍不能忽视，而这些问题也正是大数据的行业之痛。比如，各行各业之间的数据资产仍然处于相对比较封闭的管理状态，犹如一座座数据孤岛缺乏分享、连接与沟通转化。数字经济时代，"连接"中产生的海量数据就是这个时代最重要的品牌资产。打破数据的孤岛，完全释放大数据的能量，建立开放、健康的数据营销生态是必然的趋势。腾讯希望从自身做起，引领整体行业打开数据开放之门。

记者：作为体量最大的互联网公司之一，腾讯在大数据营销领域做了怎样的探索？

郑香霖：腾讯拥有国内最大范围的移动用户群体，也将开放亿万级数据能力，这是腾讯助力行业打破"数据孤岛"现象的最有效手段。为此，我们正在建立一个生态系统，通过结合微信、QQ以及数字内容和支付平台等社交平台数据，创造出全面的个人画像，以最有效的方式接触消费者的主要需求，并提供更为精准的广告服务。我们还会将更多的数字内容，以及诸如城市服务、电子商务、健康等类型更为广泛的O2O服务与用户相连接，使他们的生活更方便。

对于大数据的处理实现了预测，因此，我们不仅要考虑人们目前的利益，而且要考虑他们未来的利益。腾讯在奥运会期间为可口可乐举办了一场"此刻是金"的活动，这是一个大数据赋予的个性化庆典。我们还使用QQ音乐吸引了1 000万观众参与宝马推出X1车型的活动，超过2.3万名用户注册了测试汽车，覆盖面远远超出实体事件。我们通过大数据，将营销方面的沟通做到了更广泛、更有温度。

腾讯携手可口可乐发起"此刻是金"营销活动

【资料链接】

可口可乐"此刻是金"营销案例

里约奥运期间，可口可乐结合 QQ 空间 12 周年，发起了"此刻是金"社交营销活动。结合"此刻是金"的主题，每一个 QQ 空间用户将获得私属的定制社交回顾报告，让用户在 QQ 空间多年来的社交分享中，回顾那些年、那些人带来的感动时刻。超过 10 天，1 亿用户点击了可口可乐品牌"编年史"，3 000 万用户在社交媒体上分享。

三、紧抓"内容产业"，做好"连接器"

早在 2015 年，马化腾就表示，腾讯只做两件事：连接和内容。背靠超级社交平台，"连接一切"已不再是梦。深耕内容，布局泛娱乐、大内容，腾讯的内容战略也在有条不紊地推进……而这都为其广告营销提供了绝佳的土壤。

记者：在您看来，腾讯营销的着眼点和落脚点在哪里？

郑香霖：腾讯营销的核心是做"连接器"和内容产业。围绕这两大核心内容，腾讯的数字营销主要从三个方面切入。

第一，传递内容，引发共鸣。腾讯的社交媒体不仅覆盖用户数量庞大，且以强社交关系为主，用户黏性较高。2016 年里约奥运会前，腾讯联手红牛在手机 QQ 端发起"点燃红牛能量，传递 QQ 火炬"活动，通过让身边好友扫描图片的形式，利用最新的 AR 技术呈现传递火炬的虚拟现实画面，成为奥运火炬手，点亮专属火炬标识，最后链接到品牌落地页。在这个过程中，进一步加深了对红牛品牌的记忆度，对"红牛能量"有了更清晰的感知和品牌好感度。

第二，连接不同场景，增强品牌黏性。以生活场景、创新交互加深品牌体验。腾讯的终端产品在逐渐渗透到人们的日常生活，以 QQ 音乐为例，有数据显示，62.9% 的人群会在跑步时听音乐，于是，QQ 音乐联合 Nike 将品牌与跑步场景连接，基于耐克 Running 的数据匹配音乐偏好，用户可以收听到跑步专属音乐的同时，还可以在音乐圈中分享跑步歌曲，更进一步加强了对 Nike 品牌理念的感知。

理财场景，腾讯理财通连接刚需促进转化。理财场景也可以与品牌无缝对接。腾讯理财通与美赞臣联合推出奶粉养成计划，每购买一元理财产品就可以换取一积分，获取一定数量的积分便可以换取相应的美赞臣产品。通过"美赞臣帮妈妈赚奶粉钱"的 slogan，吸引了一批潜在的"妈妈"用户，两周内参与活动的妈妈用户达 27 万。

第三，放大数据影响力，促进销售转化。刚才提到大数据的重要作用，腾讯借助大数据，完成对用户的精准触达,为不同的用户提供需要的品牌信息,并借助数据整合完成销售转化,提高了品牌营销效率及转化率。腾讯将微信用户与 QQ 用户进行比对、分析和连接,并对用户画像进行标签化管理,为不同的用户贴上相应标签,腾讯目前已经拥有 3 000 多个用户细分标签。通过标签的细分,将不同的品牌信息推送给不同的标签分类,通过腾讯的全媒体渠道,实现精准的用户触达。

四、矩阵式媒体产品,全方位布局程序化购买

在腾讯集团七大事业群中,网络媒体事业群无疑是媒体力量最强、营销基因最为浓厚的一级力量。在内容生产领域,不乏业界领先的王牌产品;而在营销领域,腾讯在最近两年也逐渐构建了完善的 RTB 产品生态。

记者:腾讯通过怎样的媒体组合去承载海量内容?

郑香霖:目前,由天天快报、腾讯新闻客户端、微信新闻插件、手机 QQ 新闻插件组成的腾讯资讯产品矩阵,日活跃用户数已超过了 3 亿,相当于目前国内其他主流移动资讯产品日活跃用户总和的 3 倍。同时,腾讯新闻和天天快报组成的移动资讯双引擎,完整覆盖了用户群。

以 2016 年里约奥运会为例,腾讯获得了全部赛事在中国大陆地区网络播映权益。在赛事播映期间,腾讯采用了"赛事转播+赛程直播"并行的双轨战术,在保证精彩赛事不间断的同时,也提供了多维观看角度。

在资讯业务方面,腾讯启用了腾讯新闻、天天快报"双剑合璧"的打法。这两款产品分别卡位于"编辑推荐"和"个性推荐"两大方向。其中,腾讯新闻在热点大事件权威报道、原创自制内容、精品版权掌握方面承袭了其在门户时代积淀下的雄厚实力,多视角、多维度的深度解读充分满足了优质人群对新闻及新闻衍生话题知性解读的需求;而天天快报更侧重满足用户的个性化需求,主打优质海量的趣味性和好玩内容,以兴趣阅读和社会化分享为最大驱动力。腾讯新闻和天天快报的结合,能够帮助品牌更广泛覆盖、全场景触达移动资讯阅读高价值用户,以互联网技术和运营真正实现品效合一,创造 1+1>2 的营销效果。

从艾瑞、易观、Quest Mobile 第三方数据看,腾讯新闻客户端在日/月活跃用户数、总使用次数等方面连续 19 个月蝉联移动新闻资讯产品第一。而天天快报也在快速发展,位居行业前列。

在视频方面,腾讯视频基于海量优质影视剧和综艺节目,以强劲的势头稳居行业第一阵营,"腾讯网+腾讯新闻客户端+微信+QQ"等全平台资源的支持,全面扩大了腾讯视频的影响力和覆盖面。基于活跃的海量用户,运用大数据分析,腾讯视频针对用户分析进行个性化订制并精准推送内容,满足广告客户定性投放的需求。为更好地满足广告主需求,腾讯视频还突破已有的广告贴片等限制,将广告主的内容融入节目中,实现了内容与广告的完美融合。

记者：对应以上的媒体矩阵，在广告产品方面腾讯有哪些创新？

郑香霖：中国程序化购买市场发展尚属前期阶段，市场生态的规范化和成熟度、广告主及媒体对于程序化购买的接受度还有待提升，但发展迅速，未来潜力较大，腾讯在程序化也有自成一家的布局，其主要分为三大产品体系。

1. 智慧数据及 DMP 精准定位用户，打造智能移动营销

腾讯智慧数据是基于其跨屏、跨平台的丰富产品所承载的海量用户资源，通过标签组合解读用户数据，为品牌带来更为清晰、客观的用户画像，从而实现与平台、时间、地域、终端、兴趣和场景的全面结合，精准触达用户，助力智能、高效的品牌投放。更重要的是，智慧数据不仅能帮助品牌精准定位目标群体，还能通过数据洞察、了解用户的状态及喜好，帮助品牌与用户做切实有效的互动，形成触动用户的品牌营销。

在 2015 年的腾讯渠道合作伙伴大会上，腾讯推出了具有多元性、开放性、安全性三大特征的精细化数据营销解决方案——DMP。

DMP 的多元性首先体现在数据源多元，涵盖了腾讯系所有的产品，以及拥有丰富的标签体系，并且支持数据合作的投放；其次，体现在可投放广告形式多元，包含微信 H5 视频前贴、腾讯视频 PC 端前后贴片、腾讯视频 APP 信息流大图等多种形式；最后，体现在行业人群解决方案多元，包含了日化、交通、IT 数码、母婴、金融等多行业人群定制化挖掘和投放方案。DMP 的开放性是指开放支持产业链中各合作伙伴数据合作，包括与 4A 代理数据营销开放；与尼尔森等监测公司的数据开放；与 DMP＋外部 DSP、DMP＋Ad-Serving 的对外数据服务开放。DMP 的安全性是指腾讯对数据安全、用户隐私的保护，以及支持如安客诚的数据安全港不可逆加密模式数据传输。

2. 智汇系产品，引领全媒体整合营销

2016 年 9 月举办的腾讯智汇全国营销峰会上，腾讯针对区域品牌营销需求推出价格门槛低、投放形式灵活的"智汇通"广告服务产品，同时为房地产、旅游、政企等区域重点行业量身定制了创新型营销解决方案，帮助区域广告主高效地触达更为广泛的消费者群体。"智汇通"是专门面向区域品牌广告主的一款产品，对区域品牌而言，由于营销环境的不同，他们对售卖方式等有着更为灵活的需求。而智汇通不论从产品优势还是解决方案都是为区域品牌广告主量身打造的，更有利于其应对区域营销过程中的难题。腾讯将效果营销服务平台"智汇推"与品牌营销推广解决方案"智汇通"双剑合璧，打造移动时代多媒体整合营销服务。

3. 智赢销，走进品牌广告自助营销时代

针对头部、中小、长尾广告主的不同品牌广告投放诉求，腾讯还推出了跨平台、跨屏幕的品牌广告自助营销平台——"智赢销"。"智赢销"是腾讯首个跨媒体的品牌广告自助营销平台。一方面，"智赢销"整合了包括腾讯网/新闻客户端、腾讯视频、天天快报、腾讯迷你首页（AIO）、手机 QQ 和微信公众号等优质媒体；另一方面，依托腾讯长达数年的数据积累，"智赢销"与腾讯 DMP 打通，一起为品牌广告主提供精确化、智能化的跨终端、跨媒体投放的解决方案。此外,"智赢销"的操作自主性、数据透明性和 DSP 开放性也让它走在了行业前列。腾讯希望通过"智赢销"这个全自助品牌广告投放平台,利用腾讯全场景、全覆盖的大平台优势和腾讯强大的数据能力帮助品牌主提高其知名度、关注度、接触率,实现品牌广告投放效果最大化。

五、重塑营销,人工智能在路上

AlphaGo 完胜李世石,特斯拉无人驾驶技术日臻成熟……人工智能技术毫无疑问是互联网之后下一个颠覆社会运作结构和模式的风口。而如何将人工智能嵌入营销领域也是这个行业亟待思考的问题,在这一点上,郑香霖有自己的看法。

记者:您如何看待 AI 等先进技术开始应用于数字营销之中?腾讯下一步是否会有在此领域的相关举动?

郑香霖:随着时代的变迁、技术的更迭,营销的核心价值从 Big Idea 转变为 Big Data。如今,随着数据量的扩容、细分,大数据正在向 AI 进化,AI 将重塑整个营销的生产与流程,成为数字营销的下一个拐点,营销正面临着 AI 驱动的升级与变革。

在 AI 时代,"Big Data"将成为"营销生产力",帮助营销人一起开发大数据的无限潜能。从内容生产到场景、用户交互、媒介矩阵及投放方式,AI 正在改变整个营销的未来,它将带来四大变化:首先,AI 让内容更具智慧。如果说大数据改变的是内容的生产,那么 AI 就是在熟悉人的思维方式。例如,完成约 3 000 篇腾讯奥运资讯报道的腾讯新闻机器人 Dreamwriter,每份报道产出时间不到 1 秒,几乎相当于直播。其次,AI 让触达场景更动态。在未来将有更多的瞬间兴趣内容标签帮助判断用户"当时"的兴趣点。数据越完善,呈现的信息就越有温度,品牌与用户的沟通越细致。再者,AI 让内容场景更互动。比如,腾讯体育 NBA 直播将静态内容场景转变为互动场景,用户从单一的观看变成了深入参与。最后,AI 让媒介管理更智能。通过人工智能深度学习用户数据,再经由程序化投放路径进行触达,实现从人工媒介管理向自动化媒介矩阵的转变。

目前,腾讯已经搭建了包括基础理论、工程技术、产品实现在内的人工智能体系。之后,腾讯将会把其研发的人工智能技术先行应用在腾讯应用宝之中,并将邀请开发者加入机器人开放平台,推动人工智能在移动互联网的普及。

(整理/王一鸣)

阿里妈妈："品销合一"，智变未来营销
——专访原阿里妈妈首席市场官沈威

阿里妈妈作为阿里巴巴集团下以大数据驱动的广告整合营销平台，将达到超百亿美金，接近市场总盘的1/3；同时，根据阿里官方统计，每天超过百万家广告主在阿里妈妈的广告平台当中投放广告、运营品牌，和消费者互动。如何全方位解读这样一家巨无霸型的广告营销平台？阿里妈妈有着怎样的营销理念？

2016年11月，时任阿里妈妈CMO的沈威在履新之后接受记者采访时分享了阿里妈妈"品销合一"的全链路营销理念以及对应的营销产品，并且突出阿里大数据在阿里妈妈业务循环中的核心支撑。

一、立足阿里大数据资源，搭建真正"品销合一"的全链路营销生态

阿里妈妈依托阿里巴巴大平台资源，业务发展历程也充分体现出了阿里业务的扩张历程。近年来，伴随着集团业务的不断扩张，阿里在媒体内容积累和媒体渠道布局方面积累了大量的资源，其中最为突出的一是大数据资源，另一个是媒体矩阵。数据与媒体资源的积累为阿里妈妈的营销升级提供了更加广阔的平台视角，也为阿里妈妈的"品销合一"概念的提出与落地提供了资源支撑。

此外，随着电商生态体系的进化发展，如今的阿里不仅仅是一个电商平台，它已经演化成一个高频互动的社区商业平台，在这个平台上可以帮助商家建设品牌，管理产品生命周期，在和消费者持续交互的同时管理消费者生命周期，去获得新用户，维护老客户，唤醒沉睡客户。从销货到传播再到完成整个品牌"生意"，这意味着阿里妈妈意欲推动渠道变革的责任使命——依托主导电商平台，让销售通路更宽、更高效、更实时；让品牌专注于创造更多优质的 IP 和内容；让传播串联品销更高效地、更广泛地、更准确地去传递给品牌的消费者。

那么何为真正的"品销合一"传播？对于以电商起家的阿里集团来说，销售一直是其优势业务。中国整个电商市场份额淘宝、天猫达到了 80% 以上，保证了其电商销售通路已经成为一个市场上核心的销售通路。因此，源于阿里集团电商起家的背景，阿里妈妈在效果营销方面一直颇有建树，电商根基也保证了品牌营销能向最终的销售效果转化。

伴随着用户消费习惯的升级，特别是新生代群体对电商媒体的认知，体验性、互动型消费已经让阿里媒体从单纯的销售渠道升级为品牌营销阵地，而品牌需要创造内容来传递价值主张。沈威也认为，内容是品牌的引擎，而创造和打造内容却不仅仅是展示 LOGO。讲故事、树概念、借话题，在当今的营销环境中要求品牌重新构建话语体系，与消费者之间搭建适合的沟通点，从而产生消费者共鸣和对品牌的认同感。同时，沈威在采访中提到，内容不仅来自品牌一方，更应该来自多方共建，品牌可以通过阿里妈妈借助阿里集团的"大文娱板块"资源作为品牌内容的"原材料"阵地，生产大量优质的 IP 制造话题，也可以通过像天猫、淘宝、聚划算、农村淘宝这些强大的电商环境创造更多和消费者交互的机会，这个交互不仅是广告，每一次搜索、收藏、点评、加购的行为都是让品牌更接近消费者的机会。

那么，阿里从品牌到销售，如何无缝衔接？传播是中间至关重要的桥梁，也是最容易被忽略的一环。正因为电商早已不再仅仅是电商，而是成为消费者逛、玩、交流、互动、分享的信息平台，核心的互动电商社区环境加上阿里的超级媒体矩阵，打造了海量媒体传播覆盖的基础。据阿里集团内部数据显示，阿里巴巴集团在过去的几年中，花费超过 300 亿元打造了属于阿里整个生态体

系中的媒体矩阵,将给客户提供新的媒体资源,其中包括 UC、神马搜索、高德地图、合一集团等。另外,阿里还有 4 000 多个媒体伙伴,包括行业上 TOP500 的主流网站,如门户、垂直优质媒体等;移动端整合海量主流 APP,覆盖 98％的互联网网民和移动用户,每天有 200 亿日均浏览量,OTT 资源覆盖 2 500 万新时代家庭。这些广泛的媒体覆盖几乎覆盖了用户所能接触到的所有媒体类型。

在广泛媒体覆盖的基础上,需要盘活这一池流量,2016 年阿里做了一个很重要的工作,内部称之为"赋能"。在这个过程中,广告主使用阿里的流量引擎 OCPX(OCPX 的精髓在于对现有数字营销模式的智能化升级,用优化的智能流量分配和智能出价技术,是提升整体营销效率的新一代引擎,可以覆盖目前常见的 CPC、CPM、CPS、CPA 等计费体系。"X"的独特之处还在于可以通过不同方式自由灵活组合来优化营销效率,阿里这次是在打造"X"系列)的方式对媒体进行选择,甚至对广告创意推荐和选择进行智能的操作。在投放人群的选择上,阿里帮助广告主识别和洞察核心人群,AliID 体系打通各个平台的用户数据,精准匹配合适的消费群体,整合各场景中的营销数据,同时形成普世程度高的数据衡量标准,在标准庞杂的场景中进行准确的营销效果实时的动态分析与判断。

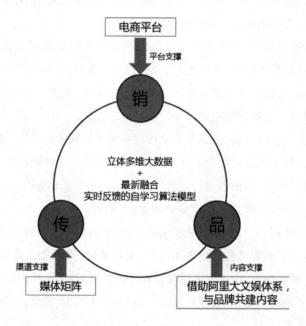

因此可见,"品销合一"打造的实质是从品牌营销到内容传播,再到引发销售三位一体的营销格局。传播是激活品牌和销售合一的钥匙,基于阿里大数据以及智能技术,使得传播更高效、更广阔。究其本质,依然是源于阿里平台消费者的线上行为,阿里平台坐拥数亿用户规模,拥有整个从品牌到传播再到销售的全营销链路上完整的商业数据,基于这些优质海量大数据,以及阿里洞察到的消费者对品牌、消费的理解和触媒习惯的改变，通过对消费者行为的数据学习和解读，再来创造新的营销内容，形成循环。

——提供一站式营销解决方案

阿里妈妈电商营销产品家族

二、品销合一，全链路产品矩阵亮相

"品销合一"理念如何落到实处？阿里妈妈为商家打造了一系列的全链路营销解决方案。阿里妈妈2016年不仅将钻石展位升级为智钻，更是发布了集合品牌专区＋一夜霸屏＋品牌雷达，专门为品牌客户量身定制的"品销宝"，以及数据化媒体管理平台AFP，无线自传播产品分享＋，淘宝联盟业务也推出了基于一淘平台的权益营销——"一淘超级省"。

1. 品销宝：品牌与销售并行，打造营销大阵地

在品牌和销售的结合点上，阿里妈妈依托所覆盖的媒体平台，全新推出"品销宝"平台，囊括"品牌专区""一夜霸屏""品牌雷达"等一系列品牌营销产品，为品牌主构建了品销合一的推广阵地。

"品牌专区"能够承载更为丰富的品牌展示形式，为受众提供集"品牌曝光、品牌体验、品牌活动、产品展示"于一体的纯品牌多维度体验感受，营造品牌第一印象。受众通过在淘宝搜索品牌词或品类扩展词，触发品牌专区在第一屏搜索栏下的首要位置进行展示。"品牌专区"位置占据首屏屏幕30%，抢先冲击视觉，品牌颜值脱颖而出，匹配品牌身份及调性，打造品牌官方阵地。每一次搜索触发"品牌专区"入口，都对品牌形象进行展示，凸显品牌官方权威的同时，也能轻松一键链接到品牌官方旗舰店或其他站内页面，依托阿里大数据打通了消费者行为链路，助力品牌构建"认知、喜爱、购买、分享"的全链路完整营销闭环。

针对品牌主强劲曝光、扩大声量的营销诉求,阿里妈妈推出品销合一的媒介营销产品——"一夜霸屏"。其依托阿里妈妈六大媒体矩阵,为品牌主提供展示、搜索、视频、原生信息流、全屏、富媒体等多种互联网媒介推广形式。同时,聚合天猫淘宝黄金展位、淘宝搜索气泡词、优酷视频贴片、UC 信息流等阿里优质资源,让品牌无处不在,实现"一夜霸屏"。

另外,核心电商产品淘宝直通车、智钻、淘宝客、分享＋,立足于天猫、淘宝,为广大广告主不仅在"品"方面持续拓展高效资源,更在"销"层面深化耕耘,充分基于真实动态的营销数据和实时反馈的自学习算法,随时随地激活消费者的购买兴趣。媒体产品 AFP 作为一站式跨屏资源管理平台,以及程序化变现平台 TANX 更是赋能长久合作的媒体伙伴,帮助媒体灵活应对各种需求。全链路营销的产品家族,每个产品通过数据赋能品牌策略、人群触达、内容创意、ROI 实时动态衡量与优化等每一个传播的链路。

2. 阿里妈妈邀行业共塑广义 ROI,共建数据银行

阿里妈妈一直以来以推动营销行业发展为己任,正在和行业各方重塑营销价值体系,推出广义 ROI。在整个阿里体系里,淘内和淘外共覆盖了中国 98％的互联网和移动互联网用户,淘宝、天猫每天有 4.34 亿年度活跃买家,移动用户超过 4.1 亿。在这样的数据基础上,阿里妈妈认为这些用户在阿里平台上的所有行为都将产生价值,而这些包括点评、搜索、收藏、加购、关注、跳转等各类数据共同组成了阿里妈妈提出的"广义 ROI"的概念。在广义 ROI 的效果评估体系中,用户的每一次行为数据都被记录、分析、整合,变成可视化、具有参照意义、具有指导性的营销指标。它的核心理念是建立在追踪和洞察消费者在碎片化移动场景背后的真正兴趣和动机,精准到"人"的效果叠加和深度持续。

为什么提出广义 ROI 的理念?沈威答:"有了广义 ROI,就能够真正将分裂的、分散的很多不同场景当中的指标统成一个'通用语言',最终助力品牌积累和沉淀自身独有的数据银行,构建可持续资产。"

按照沈威的构想,阿里妈妈将帮助企业建立私有的数据银行。这个企业专属的"数据银行",可以实现 5 个方面的数据管理与应用:①数据的枢纽港。一站式汇总,打通跨屏、跨渠道数据。②品牌仪表盘。展览品牌渗透率、市场占有率、销量等核心指标。③客户洞察。分层客户,为客户画像并将其多维交互分析。④营销沉淀应用。组合人群和媒介,沉淀内容和创意并应用。⑤资产健康度。从客户、品牌、营销角度做评估,帮助商家了解自己的状态及行业位置。

采访中,沈威补充说"数据银行"是一个先加后减的过程。首先,"数据银行"不断补充营销数据,在推动营销数据化的进程中不断试错,然后,才慢慢沉淀出那些可视化的对消费者、对营销活动的数据研究,最终形成真正有意义的、具有长蓄能特点的、能够比对的、有价值的数据指标。"数据银行"中的数据产品是不断流动的,宛如需要不断打磨出来的宝石。正是因为有了"数据银行",行业才有机会、有基础真正将分裂的不同场景中的指标,能够用一个越来越多广告主使用的这样一个平台,用一个相对统一的语言进行交易和转换。阿里妈妈对高质量的潜在用户进行品牌和销售的传递,在完成这整个链路过程中,利用广义 ROI 和"数据银行"的沉淀数据沉淀起来再服务于企业和行业。

（整理/张漠）

Google：移动为体，技术为用

——专访 Google 中国销售副总裁林好真

2016 年，是移动全面爆发的一年，移动广告的规模已经达到了 700 亿美元；2016 年，是技术走在营销风口的一年，AlphaGo 毫无疑问成为 2016 年的科技明星，VR 成了人们茶余饭后的谈论热点，新技术在营销方面的价值与应用成为所有营销者不得不思考的问题。Google 作为一家以创新引领行业发展的企业，一直以来都在致力于为品牌主提供更加快捷、方便、高效的品牌营销方案。把握当下的营销趋势，以技术驱动营销升级，全面洞察移动端的消费者，构建移动新生态成为 Google 新营销态势下的目标。本文通过专访 Google 中国销售副总裁林好真，深入了解了 Google 对于数字营销的洞察以及在移动时代下的营销布局。

一、全局鸟瞰：技术驱动营销升级

当下，每个消费者都大不相同，复杂的营销环境下，数字技术的价值与应用在营销过程中开始凸显，而技术一直以来都是 Google 的强大基因。那么，如何将这种基因优势渗透在营销领域？

利用数据和算法实现媒体策划与购买的自动化，即程序化广告是数据技术应用的渗透体现。通过程序化广告购买，广告主能够通过消费者洞察和技术使用，在最恰当的时刻找到相对应需求的受众，并向其推送适当的广告内容。而运用了机器学习技术的程序化广告，更是可以进行定位、出价，甚至衡量。

那么，Google 的程序化广告技术在哪些方面助力企业品牌营销？具体来讲，一是帮助品牌捕捉环境信息，深度分析营销环境。根据数百万网站和应用的洞察，Google 可以获得各种环境信息来了解用户的关注点。二是识别受众意图，区别覆盖。通过对数百万网站和应用进行归类，目前Google 已经可以做到区分哪些人是一时兴起，而哪些人是真正有购买意图，从而让广告主以适当的方式接触到受众。三是实时数据更新，避免重复广告。举例来说，AdWords 会实时更新受众的相关信息，每次展示广告时都会添加一些新信息，并删除一些不再反映该用户当前关注点的信息，而这种分析已经能达到几毫秒内分析出数百万信号组合的速度。

二、趋势把握：移动浪潮下的消费者洞察

来自 Google 的最新数据显示，中国已经成为全球智能手机使用率最高的10 个市场之一，其中中国（大陆地区）的比例达到 79％（美国为 72％），在 35～44 岁的人群中，此比例高达 91％。触手可及的移动设备彻底改变了消费者的网络行为习惯，使消费者的决策历程发生变化——它已逐渐分裂成上百个即时的、由意图驱动的"微时刻"。

在移动化浪潮下，"微时刻"成为广告主的营销"新战场"。营销活动效果产生于"微时刻"发生的瞬间。依据消费者意图提供合适的内容及优质的体验已成为品牌致胜"微时刻"的关键。而赢得"微时刻"的关键策略在于发现消费者的当下需求，及时推送相关品牌信息，结合合适的广告创意，达到精准的情景式营销。

针对"微时刻"，Google 提出了一系列的解决方案，例如，Consumer Barometer 可以帮助营销人员有效获取和了解人们的需求，以及如何随时间的推移和事件的发生而改变；Google 广告平台可帮助品牌主在消费者跨屏、跨设备进行搜索、观看视频、浏览网站，以及使用应用程序时将广告精

准地推送给目标受众；Google Analytics 通过提供整合的可衡量与归因解决方案，帮助衡量与优化在页面和应用程序上发生的每一瞬间，同时，Google 还将跨设备衡量引入 Double Click 平台，帮助营销人员实现全网跨设备衡量；Google 与 Answer Lab 合作，通过对上百个 APP 和移动网站进行调研，总结出一套设计原则，能为营销者提供资源和工具帮助其提高产品的移动体验，如优化网页加载速度、美化产品页面等。

移动浪潮下，针对消费者及时性、意图驱动的"微时刻"，广告主的数字营销面临的情况也越来越复杂。林妤真还在访谈中补充了一些 Google 对于数字营销趋势细节的把握。

其一，全球至少 64％的消费者同时使用笔记本电脑和移动设备。这对广告主提出了更多的问题：要怎么做移动？是把移动作为中间环节来操作还是放在消费者行为中，了解人们怎样在移动和 PC 上进行交互？

其二，消费者交互使用不同的移动渠道载体来进行消费决策。以旅游行业为例，虽然有 1/4 的订单来自于移动端，但是订单完成之前，用户的比价行为有 60％是通过移动端和移动网页来做的，也就是说用户会去交互使用不同的媒介来帮助决策。类似情况在电商行业也存在，Google 的调查显示，以"双 11"为例，在最终交易之前有 2/3 的比价行为是发生在移动 APP 和移动网页交互上的。对于广告主来说，消费者在移动端的行为表现很多都有待进一步挖掘。

三、战略布局：构建三方受益的移动生态

Google 在网页广告方面已经有了一套运作良好的生态体系，为响应移动化大趋势，在移动广告方面，Google 正在试图建立一个非常健康的生态环境。这种基于移动端的生态系统主要由用户、发布商与广告商三个主体构成。作为移动生态的搭建者，Google 将致力于不断地优化整个生态系统，使三方受益：为用户带来更多的价值；帮助开发者开发出更多好的应用，为广告主带来更好的营销与品牌推广效果。在优化移动生态领域，林妤真为我们介绍了 Google 目前主要从三个方面发力。

1. 移动应用与页面的组合，优化渠道选择

随着移动广告的持续发酵，越来越多的广告主愿意在移动上面做尝试。广告主考量的已经不再是是否应该投放移动营销，而是思考应该用怎样的模式来投放会更有效。Google 一直致力于为广告主提供一整套的解决方案，在这个过程中，Google 发现广告主对于移动营销还存在一些困惑。关于广告主在移动营销上的顾虑，林妤真有以下看法：

首先，在消费者方面，消费者在使用智能手机时并不会在意这是移动应用还是移动网页，消费者只关注哪里可以有很好的使用经验，即消费体验才是关键。

其次，随着移动应用大热，越来越多的广告主开始以移动为中心，但是消费者不是单一地使用移动应用。除移动应用之外，到底还有哪些新的模式可以帮助广告主在移动上不断地去增加可以触及的人群？这是广告主与发布商都不得不面临的问题。

最后，林妤真谈到，在过去，有很多广告主只做移动应用而忽略移动网页。但是，移动应用和移动网页其实都各自扮演不同的角色。广告主应该充分利用两者的价值，而不是取舍。

针对广告主在移动营销上的一系列困惑和疑虑，Google 作出了相应的布局：针对移动应用，发布跨平台应用推广服务；针对移动网页，提供 PWA 与 AMP 两项技术，改善用户体验。

在 2015 年的 Google I/O 开发者大会上，Google 发布了名为 Universal App Campaigns 的跨平台应用推广服务。开发者只需要在 Google Play 控制后台设计一套广告宣传方案，Universal App Campaigns 就会自动从 Google Play 应用详情页中抽取图片、视频和文字描述，生成可用于 Google 搜索、YouTube 和 AdWords 展示广告的不同样式，引导多平台用户安装应用，避免反复投放。

而在改善移动网页的使用上，体验是关键。Google 发现用户在移动屏幕上的耐心是不一样的，如果移动网页的加载速度超过 3 秒，大概有一半左右的人会没有耐心。所以，Google 发布了两个技术——Progressive Web Apps(PWA) 与 Accelerated Mobile Pages(AMP)。PWA 目的在于在移动网页提供像 APP 使用的经验，可以更好地提高使用者黏度。AMP 是通过技术解决让移动网页的速度可以更快，效益会更高。

"不让广告主和发布商再纠结于到底应该做哪一个，其实答案是两个都需要，因为移动的 APP 是帮助兼顾忠实用户。但是随着你的业务不断地升级，也需要一些新用户进来使用你的服务，或者下载产品，这个部分其实在移动端，大量的消费者时间花在移动上面，其实移动网页是你不可忽视的一个渠道。"林妤真总结到。

2. 跨渠道、跨设备整合分析，衡量效果

移动时代背景下，消费者的行为呈现出跨渠道、跨设备等复杂的变化，由此也对数字营销提出了新的要求。为了更好地顺应这些新变化，Google 为广告主提供了相应的广告效果分析衡量方式。

首先，为应对当前多终端的营销现状，Google 实现了跨设备洞察，全面衡量消费者。三年前，Google 引入了 cross-device conversions 技术，cross-device conversions 是一种跨设备转换技术，能够帮助营销者全面衡量消费者先用一种设备或浏览器点击广告，然后再用另一种设备完成会话的购买历程。同时，对这些洞察数据的操作也非常方便：所有会话都会显示在同一列，营销者可以快速对相关会话启用自动出价，达到优化目的。目前，全球不同行业的广告主已使用跨设备洞察来获取更准确、更全面的表现数据。借助 cross-device conversions，营销者可以将投放到搜索广告网络和展示广告网络的广告一起衡量，从而更清晰地了解顾客与产品或服务互动的方式，全面衡量消费者。

其次，营销活动外的用户行为衡量也同样重要。通过 Firebase Analytics 与 Google Analytics 帮助广告主或者是开发商快速、有效地了解用户的使用行为及广告投放效果，从而更好地进行决策。

Google Analytics 是 Google 一款免费的网站分析服务。Google 能够对整个网站的访问者进行跟踪，并能持续跟踪营销广告系列的效果：不论是 AdWords 广告系列、电子邮件广告系列，还是任何其他广告计划。利用此信息，广告主或者运营商能够了解哪些关键字真正起作用、哪些广告词最有效、访问者在转换过程中从何处退出。总体来说，Google Analytics 既能衡量从点击次数到销售量在内的一切表现，又能提供访问者如何找到并使用一个网站或应用，以及如何吸引他们频频再"光顾"的洞察。

Firebase Analytic 是专为应用开发者所提供的后端服务平台，应用开发者可以借助 Firebase Analytics 进行衡量营销效果，分析用户行为。2016 年 Google I/O 大会上 Google 对 Firebase 进行了更新。新版本的 Firebase 整并 Google 既有的云端服务与工具，扩大支援更全面的功能，涵盖开发、成长与营收三个阶段。其中，Firebase Analytic 提供的是一个免费并且没有任何限制的解决方案，它可帮助应用开发者清楚了解其用户在应用内的行为，让他们在应用推广和性能优化方面作出明智的决策。

Google 凭借数十年对消费者在线行为的洞察和在技术上的创新，不断致力于帮助营销商全面掌握数字广告的影响，使他们能有针对性地进行优化以实现营销目标，并且全方位地监测营销效果。

3. 创新广告形式，新技术带来新机遇

在移动广告方面，Google 最重要的一点就是抓取用户，保持用户的黏度，这就需要有合适且正确的广告形式。Google 一直在不断地创新，创造新的广告形式。例如，原生广告、视频激励广告、试玩广告等。林妤真举例说，试玩广告就是类似于下载之前可以让使用者先试玩 60 秒再决定要不要下载，"这是更好的使用经验，而不是下载之后发现不要又把它卸掉"。

丰富的广告形式对于整个生态系统中的三方都能带来好处。对于消费者而言，广告更具互动体验性，这些广告形式能吸引更多消费者，使他们留在这样一个形式中；对于广告主而言，能增加他们的投资回报；对发布商来说，则能够增加他们的收入。用户、发布商和广告主作为整个生态系统的三个支柱，随着 Google 不断优化移动生态系统，势必也将不断受益。

在未来，Google 还将利用高新技术为移动营销创造更多的可能。例如，当前大热的 VR 技术，在 Google 看来，VR 技术或许将成为营销的下一个风口，原因主要在三方面：第一，移动设备无处不在且品质优良。一个简单的 Google Cardboard 就能将智能手机转换成 VR 头戴设备。第二，

Google Cardboard 可以让用户看到丰富的内容。目前，YouTube 所有视频都已支持在 VR 播放，这使它成为世界上最庞大的 VR 内容库。第三，VR 可以给消费者提供一种沉浸式的互动体验，营造一种身临其境的感觉。这将是对消费者的一大诱惑。尽管这些技术的发展都尚处萌芽阶段，但它们正在一天天地成长，不久的将来，这些新技术或许将会为移动营销带来爆发式的新机遇。

（整理/杨乔）

体育营销热潮中的冷思考
——专访原安踏品牌管理中心高级总监朱敏捷

2016 年是体育大年,奥运会、欧洲杯、百年美洲杯等诸多的竞技赛事不仅为体育收视市场创造了可观的效益,也为摩拳擦掌的媒体主和企业主提供了新的营销契机。然而在激烈的体育营销领域,想从诸多品牌中脱颖而出实属不易。溯其根源,一方面,是由于当今的消费者媒介习惯和传播方式都产生了颠覆式的变化;另一方面,则是因为蜂拥而至的品牌简单粗暴地植入赛事,让质量上乘的营销湮没其中。

2015 年销售额突破百亿元的国产运动装备品牌——安踏在体育营销领域可谓是先行者。其创立初期,率先在央视投放电视广告,占得市场先机;在 2016 年里约奥运会上,安踏在营销战役中也是崭露头角。成功背后,安踏有着怎样的营销逻辑?瞬息万变的今天,营销是否有规律可循?为此,记者对时任安踏品牌管理中心的高级总监朱敏捷进行了专访。

一、全方位布局，汇聚营销资源

对于垂直领域的体育品牌来说，资源的意义不言自明，只有聚合体育资源版权中的内容，才能打好营销攻坚战，才能创造持续性的收益。从安踏近年来的体育营销布局中依稀可以看到以上思路。

1. 依托赛事，盘活营销版图

从 2009 年开始与中国奥委会合作，到 2012 年成功续约，至今安踏已经经历了温哥华冬奥会、伦敦奥运会、索契冬奥会、仁川亚运会、里约奥运会等几次大型国际赛事。在这几年中，安踏提供运动装备的同时，也使得品牌得到了充分曝光。签约 5 大运动中 24 支国家队更是让安踏和中国体育有了紧密的关联。在不少消费者眼中，安踏是代表中国体育，代表体育精髓的运动品牌。此外，安踏还是 NBA 官方合作伙伴和授权商。NBA 赋予安踏的不仅仅是体育营销平台，更重要的是让其得以推出授权品牌，让安踏的多品牌战略能有更多的着力点。

除高品质的顶级赛事，在全民健身日、阳光体育节、奥林匹克日长跑、奥运健儿公益服务大行动等活动中，也能见到安踏的影子。赛事资源为安踏奠定了营销的基础，也成为安踏营销发展的驱动力之一。

2. 善用权益，衍生多维度 IP

安踏在与中国奥委会的合作中，凭借赞助条款中的权益，拓展体育产业的上下游。在产品领域，借此良机带动了冠军定制龙服、特制 T 恤等终端商品的销售量；在内容汇聚上，则打造了一系列的合作栏目，诸如新浪《金牌明星访谈》《里约最前线》，央视《风云会》《全景奥运》等节目也看得到安踏的影子；在节目中，通过冠军的口吻，传递出安踏的品牌理念。金牌明星、冠军龙服都得以成为安踏的标志性 IP。

与 NBA 的合作里，衍生的 IP 内容也是层出不穷。NBA 季后赛期间，借助签约了勇士队球星汤普森的契机，安踏不遗余力地借势力推品牌。除通过"安踏体育"公众号推出《你，会怎么定义汤普森》等文章，杨毅、苏群、柯凡等知名篮球评论员的自媒体也都参与到这场推广造势中。杨毅在其微信公众号"杨毅侃球"发表的文章中通过以赠送篮球鞋的方式，不断植入安踏球鞋推广，并且每篇文章都取得亮眼的阅读数据。对此朱敏捷补充说："未来仍然会这样去做，因为运动员是关于激动人心、关于励志最好的载体，我们会全力围绕球星和赛场带给消费者更好的商品和传播。"

3. 合作共赢，跨界定义营销新趋势

多元化的跨界合作正潜移默化地定义着营销行业的新规则。颠覆传统的营销理念，联手产业内外的资源也渐渐成为趋势。2012 年伦敦奥运会，安踏联手部分品牌完成了相关的营销活动：在全国 1 500 多家麦当劳门店进行领奖服的合作，店员、促销员、导购都会穿着安踏的衣服，每个麦当劳店铺都进行抽奖活动,并送出安踏冠军领奖服;在伊利酸奶奥运装产品外,包装安踏 logo 宣传,凭包装序列码能够参加奥运领奖服抽奖;在热度极高的电商领域,安踏与天猫自 2010 年便开始合作,到 2015 年已成为天猫核心战略商家,与天猫共同打造了全线商业互联网模式,共同面对消费者,服务消费者。在里约奥运会期间更是玩起了"安踏·天猫超级品牌日",参与、分享、互动成为安踏在电商平台布局的关键词。

朱敏捷认为:"真正的整合在于能够把商品、品牌体验、场景营销和赛事资源结合在一起。拥有一定的架构和系统化的思维,才能给予消费者商品体验、运动体验和品牌体验。"基于赛事、IP 和跨界合作的相应布局,安踏才拥有更多的发挥空间,让其不拘囿于自身所处的体育产业,得以从不同的场景中接触消费者,并实现有效沟通。

二、聚焦内容创意,探索多元渠道

实现营销效能聚合以达到宣传和推广效果的最大化,离不开优质的内容和渠道。在正确场景下与消费者的有效沟通总是能把营销演绎得热闹非凡,精彩纷呈。随着内容营销产业体系的形成和不断完善,越来越多的品牌加入这个行列将目光聚焦在内容创意和渠道探索上。

1. 内容先行,联结消费者认同

用朱敏捷的话来说,"做营销前一定先想清楚要向受众表达什么样的内容,表达的内容消费者是否能够认同"。里约奥运会上,安踏通过对热点事件的把控,利用具有冲击力的视觉和文字,在社交媒体上创造了诸多热门话题。当孙杨在 200 米自由泳夺冠,用成绩回应霍顿后,安踏官方微博发出的 GIF 动图和"胜利是最快的反击"的文字,一天后阅读量就达 130 多万次;在中国拳手吕斌遭受不公判罚的事件后,安踏贴出"拳头能解决的问题,请别用权力",并配以他流泪跪地亲吻拳击台的图片,当晚图片点赞数为 2 万多个,阅读量达到 203 万次。对体育事件内核的充分理解,对品牌与事件关联度的适当把握,精雕细琢出的营销内容,赢得褒奖自然是在情理之中。

当然,优质内容不是凭空产生的。安踏在奥运期间针对其营销成立了特别行动小组,以便在现场监测赛果,形成概念,执行创意以及媒体平台的发布和跟媒体内容的合作。朱敏捷透露道:"整个团队在上海 1 个月,关在一个办公室里,平均每个人每天至少工作 15 个小时以上,最长的是整个组 35 个小时无眠无休。没有捷径,也没有特别好的方法,只有结合,才能第一时间打动消费者。"

除了常规内容,安踏还进行了后续的延伸和沉淀。阅读资讯,有安踏的内容抓取;翻看图集,有安踏的借势海报;观看视频,有安踏的内容植入;围绕"去打破"的主题框架,拥有快速、全方位、高度契合的内容覆盖。所有这些不仅拉近了消费者、品牌与体育赛事三者的关系,也让安踏在独特的视角下形成精致的内容矩阵。据全球领先研究集团益普索(Ipsos)的里约奥运赞助效果研究显示,奥运营销对安踏品牌美誉度的提升达到17%。

"不论传播工具怎么变化,消费者愿意接受的还是那些能打动自己的内容。基于内容上的正确洞察去触动消费者,是营销中传播的要义。当今的营销者总是勤于讨论方法的革新、技术的改变,却往往忽视了本质,好的创意和内容往往是可以引导传播的。"朱敏捷总结说。

2. 夯实基础,放眼多渠道传播

安踏从涉足营销领域以来,便采用多元化的传播方式,针对不同媒介渠道的特点打造各有特色的内容。在微博、微信等社交媒体上,推出受年轻人青睐的动图;在受众多为中青年的电视媒体端,为观众呈现了一个个的冠名主题节目……除此之外,门店、户外、网络等都是其重要的营销推广渠道。

在媒体合作上,安踏的主旨是"声量+创新"。2010年温哥华冬奥会,安踏在CCTV-1、CCTV-5等频道投放了包括冬奥火花篇等在内的4条电视广告,在传统媒体尚未式微的时代,安踏条理化、模式化的营销渠道投放让人眼前一亮。2016年,面对新媒体的高歌猛进,安踏也做了相应调整。为了配合新一季跑鞋的发布,安踏在官微上推出"跑者故事—不说话的社交"系列宣传。另外,在其签约代言明星邹市明的纽约之战打响前,微信朋友圈出现了"拳王之路,永不止步"的广告。媒介环境日趋碎片化、移动化、社交化,但安踏对营销渠道的探索像它的广告语一样,永不止步。

当被问及如何选择营销渠道时,朱敏捷说道:"选用什么渠道,取决于想诉诸的问题。到了一定环境下,内容生产出来,传播工具以及渠道也就信手拈来。一味强调营销渠道的重要性也是没有意义的,渠道与创意是息息相关的。"

三、把握本质,多维度审视营销

在新媒体形态及新技术的引领下,营销者为追求品牌曝光和扩大品牌声量而绞尽脑汁。体育营销领域热潮涌动,但在该热潮中,朱敏捷却有自己的冷静思考。回归营销的本质,他从不同的维度诠释了体育营销。

1. 不过分迷信技术,充分相信消费者的感受

大数据、场景化、程序化让数据与技术成为营销重要的驱动力。一定程度上改变了传统广告投放逻辑,提升了营销效率。作为旁观者,我们所见的安踏似乎并没有过多地借助营销技术。朱敏捷对此认为,"如果简单地把人当作机器看,那么可以统计他们的行为模式,但行为背后的动机和原因是不一样的,这样的技术缺乏预见性。不要过分地迷信大数据等营销技术,对消费者有充分的洞察才是营销中的制胜之道。但如果单纯从媒体规划的角度来说,大数据是有价值的。访问的网站和内容可以告诉品牌,需要把营销信息陈列在哪个地方。因为没有一种技术能够测量人的感受，所以也就决定了营销技术的部分局限性"。

2016年，安踏与富士康强强联手发布了智能跑鞋。从营销的视角看，安踏没有过分地利用噱头叫卖产品，而是在做数据的链接上和消费者建立一个更为牢固的关系。安踏不仅希望目标群体使用自己的产品，更希望能得到反馈和提高附加值。不忽略用户的感受和真实需求，是安踏巧用大数据营销的优势所在。

2. 明确营销战略，理性对待竞争

冷静地面对营销环境的变化，是安踏一以贯之的。营销的内容、传播、洞察以及技术似乎都在其规划之中。朱敏捷认为："当前的环境，信息冗杂，搜寻成本也较高。所以先需要考虑用品牌的特质去满足消费者的需求，在此基础上才能决定要做何种类型的营销。率先审视做营销的战略性问题，接下来才能谈战术。"

作为国内体育产品的龙头，安踏的营销早已放眼全球。面对在产业内深耕多年的竞争对手，安踏定制了专属于自己的营销战略。在朱敏捷看来，"做好营销，需要忘记竞争对手是国内品牌还是国外品牌。营销的唯一坐标参考，就是消费者。竞争真正源自于是否能够满足消费者的需求，是否能够占据消费者不同的生活状态和生活场景。最好的沟通是在正确的环境和状态下找出一些视角，去体现品牌的个性"。理性地对待营销竞争，也是安踏自身品牌战略的进化。

3. 营销始于消费者，终于消费者

在朱敏捷心中，营销的出发点始终是消费者，真正意义上满足消费者需求也成为安踏的战略目标。"所有的形式感服务于功能与价值，把省下来的费用来提升工艺，再省下的费用还给消费者"。在这样的逻辑链条里，营销得以顺利地与销售转化挂钩。在谈到平衡销售和营销时，朱敏捷特地提到了电商平台上的销售。他表示，电商的确是一个新的交易场合，但消费者不会因为电商的体验而对品牌产生感觉。固然营销领域内的工具始终在变化，但消费者对品牌的观念和感受仍是不变的。

四、结　　语

十分信服，三分营销。营销带来的曝光率能立即提高销售并不现实，但对品牌长期的发展却有极大的贡献。做好体育营销，非一时一日之功。8年的时间，安踏实现了弯道超车，成为国内行业老大，让我们看到了一条专注于垂直领域的正确道路。在竞争日渐白热化的体育营销世界里，安踏以人性为根基，保持清醒与冷静，坚守自信与专注。我们坚信，怀着对体育的热忱，秉承"以消费者需求为先"的理念，安踏在体育产业内的深耕中将继续稳步向前。

（整理/刘旭）

英特尔：用智能思维玩转营销
——专访原英特尔中国数字营销广告经理凌晨

在 PC 时代，英特尔曾用"灯，等灯等灯"创造了组分品牌的营销神话；从 PC 芯片转向移动端和物联网等领域后，英特尔又与梦工厂、格莱美、时尚周合作频频引爆焦点。这个在智能领域毋庸置疑的巨头不止一次地引发营销界热议，其诸多案例也纷纷成为教科书式的经典。在当下瞬息万变的营销风向中，在业务上果断转型的英特尔在营销中也随风而动，它用数据、内容和创意为我们讲述了一个智能型企业是如何用智能思维玩转营销的传奇故事的。

一、激活数据势能，智勇冲关的程序化

数据与技术改写营销生态早成定局，程序化则是其营销驱动力的重要表现之一，但中国数据市场的诸多痛点却为数据的收集、管理和打通这些实现程序化的必要条件和基础步骤带来多方阻力，这无疑使广告主们变现数据价值并驱动程序化营销的难度大大增加。英特尔对数据营销的布局早已展开，精良的运作、高专的维护、广泛的连通，英特尔在数据行业的重重桎梏中真正做到了让数据在流通中产生价值并发挥其强大作用。

1. 不能忽视的数据之痛

处于舆论风口浪尖的大数据虽然一直高热不息，但中国数据的现实情况却不容乐观。凌晨指出，当下中国数据产业主要存在三个痛点。

其一，数据市场的分散性十分严重。整个中国数据行业的数据来源十分庞杂，大致可划分为三个方面，分别是企业内部、不同行业对应的垂直网站以及以互联网巨头 BAT 为代表的数据提供方。其二，这三大方面数据的天然分散性又大大增加了数据之间流动、打通和整合的难度，因此形成数据孤岛的局面。在普遍缺乏强账号体系的情况下，数据之间很少流动和整合，孤岛状态下，数据价值难以得到真正的开发和利用。其三，三方数据分别存在严重短板，大大制约了数据的开发利用。从企业内部拥有的数据来看，碎片化十分严重，其完整程度和商业价值都难以满足企业对数据质量的需求；从用户在垂直网站上的访问数据来看，作假问题比较严重，并且基于这部分用户行为数据进行的推测和猜想难以保证营销的精确性；从数据提供方的数据来看，现阶段的开放程度十分有限，向外部输出的数据量级难以实现真正的数据营销。

2. 英特尔的程序化：稳、准、狠 & 高、精、尖

早在中国程序化购买刚刚兴起的 2013 年，英特尔就成了敢于"吃螃蟹"的少数企业之一，管理企业自身数据，并结合企业特色，建立起第一方数据管理平台，与第三方数据进行交互。具体作用体现在以下三个方面。

一是对英特尔第一方数据的收集、管理，分类和打标签，根据多样的标签体系定义不同的目标人群，并在进行分析后定制传播策略；二是支持英特尔全球范围的自定义标签体系，实现全球和中国市场的标签体系同步与对接；三是广泛的识别性和连通性，激活链接国内乃至国际主流程序化购买平台（DSP、媒体、Exchange 等），从而更广泛地触及目标受众。在实际执行过程中，英特尔率先连接广点通等，对英特尔的目标人群更精准地定向投放广告，实现第一方数据的再利用。比如，在微信中发布英雄联盟朋友圈，或者向在视频网站看过 LOL 视频的人投放广告。

3. 效果优化成效明显，打通购买链条为时不远

对于英特尔来说，数据在现阶段下的有效利用已经成为可能，数据管理平台的角色既是一个数据管理者，同时也是第一方和第三方数据中间的连接整合者。从实际的效果来看，程序化投放的到达率和转换率均有明显提升。

凌晨在采访中说："数据的融合、效率的提升、操作的透明化是程序化营销的三个核心作用，数据管理的方式让英特尔的营销更加科学化、体系化和自动化。未来，英特尔还将实现通过强大的数据库掌握用户正处于什么样的兴趣阶段，通过不同阶段的媒介接触属性，自动地在合适的阶段、用合适的广告创意投放给用户。最终英特尔的数据平台会和销售自动化平台做对接，从而打通整个购买链条。"

二、重塑品牌形象，用体验与消费者沟通

在芯片行业的霸主岁月之后，英特尔正逐渐从一家PC公司转型为驱动云计算以及智能互联计算设备的公司。与传统电子产品不同，包涵更多新概念、新技术的物联网领域需要更多体验式的吸引力，而这恰巧是一项英特尔一直拥有、却没很好地表现出来的能力，为此，Intel Inside, amazing experiences outside诞生了。英特尔希望将产品和体验明确、紧密地结合在一起，展示其独特、年轻、活力的品牌特性。

1. 多领域高调跨界合作，"年轻人"成为主战场

无论是英特尔的业务，还是它的营销方式，"年轻人"都是这场品牌重塑运动中最重要的关键词。通过前期详尽的市场调研，英特尔将品牌推广计划制定在娱乐、体育、游戏、时尚、音乐五大方面，抓取青年人当下最关注的流行元素，通过跨界合作，将技术与表演联系在一起。在中国市场，英特尔则进行了接地气的本土化处理，与在年轻人中最火热的休闲项目、综艺节目和电影进行合作。

合作领域	案 例
电影	《唐人街探案》《魔兽》
综艺	《天天向上》《跑男3》
音乐	格莱美颁奖典礼
时尚	伦敦时装周、巴黎时装周、纽约时装周、米兰时装周
文化	无人机表演、西安古城
体育	NBA全明星赛

2. 三道门槛筛选优质IP

从过去Intel Inside的品牌策略到今天的精彩"芯"体验，英特尔的目标是通过传递体验来提升

大众认知，培养消费者的品牌偏好，但体验需要通过在具体的场景中传递，而内容则是构建场景的基础和原料。因此选择一个"正确"的IP是成功的第一步。但是文艺创作本身的不可控性决定了对于IP的价值判断几乎不存在可量化的评估体系或者是客观的指标和参数，并且受众对文艺作品反应的偶然性也是永远存在的，选好IP并不容易。然而，在英特尔实践过的内容营销案例中，IP决策似乎从未失手，凌晨告诉我们，英特尔选择IP有三道基础门槛。

第一，合作IP必须具备价值潜力，也就是要能够火起来。但IP能否火，变量众多且并不可控，制作团队的精良程度、投放平台的优质与否等是大家"肉眼可见"的，也是公认的判断IP价值的经验条目，但依据所谓的标准所作出的判断仍然不能保证判断IP的准确度。简陋的《太子妃》出人意料的大热和公认高配的《火星情报局》一定程度上的扑街都是力证。因此在执行中，英特尔既会选择《天天向上》这样拥有稳定的常态热度的综艺，求稳；也会在深思熟虑后果断押注《唐人街探案》这样具有升值空间的电影，求胜。攻防并举的风格下，保守与激进的结合让英特尔在IP的首选环节一直发挥出色。

第二，要结合品牌诉求。英特尔所追求的与内容结合绝不是简单地赞助、冠名或者单纯地让产品出现在镜头中，而是将品牌诉求和第三方内容结合起来，勾勒出品牌内涵。这需要在场景中设计出巧妙的桥段和对白，从内容中真正地传递出体验，达到消费者进行沟通的效果。其实不仅是大IP的内容植入，早在电视广告时代，英特尔就已经追求这种场景化表达的精益求精并沿用至今。以英特尔10月份上线由《生活大爆炸》中"谢耳朵"的扮演者吉姆·帕森斯和"飞鱼"菲尔普斯共同演绎趣味电视广告为例：飞鱼在泳池边用慢得要命的台式电脑发邮件，被"谢耳朵"吐槽"世界最快的游泳选手却用着最慢的电脑"，随后向他推荐新一代英特尔Kaby Lake处理器的笔记本。这支兼具幽默到位的吐槽、科技与体育的合拍情节及产品衔接的精致广告，仿佛让我们看到了英特尔当下内容营销的精神鼻祖。

第三，与品牌调性保持一致。不俗的热度和深度代入的融合还不能满足英特尔对理想IP的全部设定和追求，对于合作伙伴的选择，英特尔同样具有自己的标准。英特尔认为，品牌调性的吻合和需求的一致是一次商业双赢合作的必要条件，这也便于英特尔在联合推广中能与内容方配合默契，各取所需。

3. 深度融合，真正向消费者传递体验

英特尔所追求的是通过传递体验，在触动消费者的基础上与其进行沟通。以一种更简单、直观和更有趣的方式，让大众更容易认识和接受这些产品，让消费者意识到英特尔的创新科技能够不断地丰富他们的生活并增添精彩，同时通过更丰富、更立体的故事让英特尔更年轻、更有活力，这需要把英特尔已有的技术作用与消费者可见、可感知的体验联系起来，为在内容中构建场景，实现内容与产品的理想结合。这些都给英特尔带来了很大的挑战，但英特尔战绩颇佳。

以《唐人街探案》为例，在片中几十秒完整的叙述空间里，英特尔智能创新产品成功亮相，前沿

的创新环境和高精尖的智能设备得以展示：基于英特尔技术的三款智能设备 Slamtec 机器人、Mostfun 3D 打印机和机器人 DracoX 成了探案神器，帮助主角们神勇破案；Slamtec 机器人内置英特尔 Edison 计算平台，引导主角进行追踪；搭载 Edison 的 Mostfun 3D 打印机可以还原现场可疑物品……产品的酷炫风格与探案的紧张刺激高度匹配，每一件产品都是情节进展的关键性道具，在艺术与技术的交融中，英特尔将自己的"智能"形象诠释得淋漓尽致！

再如《天天向上》英特尔特集，在这场几乎是有史以来使用黑科技道具最多的节目中，智能机器人"零零"除了可以主持，还能陪涵哥打麻将、跳 Rain 的舞蹈、还很逗地介绍起出场嘉宾，风头不输二位男神。钱枫还在茶水间里认识了女神，可以"屏幕传情"的智能水杯也让他备获青睐——瓷杯上的传感器能够帮助钱枫实现发微信、玩游戏、查邮件、监测使用者喝水行为等功能，拿起杯子，指尖一划，便能火速向女神的杯子上传递爱意。

三、用科技点燃创意，用创意演绎科技

在营销界，好的创意可遇而不可求，成功的创意案例无法被方法论和理论化。它是营销环节中通过程序化手段无法实现也是永远无法取代其作用的重要一环，也因其不可期待性而成为很多广告主不擅长的大难题。但一份绝佳的创意永远不会失去其应有的价值，英特尔当然也不会放弃这一阵地。机智的英特尔选择了在其擅长的科技领域大做文章。科学技术和科技产品成为创意的灵感和原料，在以科技为主要元素的创意场景或产品中传达出令人惊艳的科技感。创意与科技互为表里，科技成为创意的灵感，创意又为呈现科技而服务。

1. 文化＋科技＝创意智能场景

2015 年的 12 月，英特尔选择了古城西安作为"科技唤醒历史"大型体验活动的全球第一站。秦皇一统、楚汉相争、大唐盛世、玄奘西游，被骆宾王描述为"山河千里国，城阙九重门"的古城西安"历史实力"雄浑壮阔，和技术流 Intel 的 DNA 出乎意料地吻合。以安远门城楼为基点，跟着蓝光，马不停蹄地从兵荒马乱到盛世繁华，耳边还是四面楚歌眼前却是霓裳羽衣……霸气的 Intel® RealSense™英特尔®实感™技术采用"主动立体成像原理"，通过视觉、听觉、触觉、语音，甚至感情、情境等多重感官方式，让计算机直接感知并执行你的意图，为现场观众带来的震撼难以尽述。

在 2016 年第 58 届格莱美的颁奖典礼上，"数字化妆"的技术将影像实时投影到 Lady Gaga 的脸上，巨幅屏幕上"动画脸"的瞬时变化震惊了观众的眼球。在表演中，三个能够互动的基于英特尔技术的机器手臂拖着 Gaga 弹奏的钢琴，Lady Gaga 手上发光的 Curie 手环可以随意控制她的影像在大型 LED 墙上舞动，艺术与科学的碰撞让观众陶醉于音乐的魅力同时也震惊于科技的强大，远远超越现实的先进技术唤醒了这个时代的消费者，尤其是年轻人对于高科技本能般的狂热和追逐。

2. 时尚＋科技＝创意智能单品

脱离科技的时尚不前卫,脱离时尚的科技不精致,英特尔通过与时尚品牌合作制作出智能单品为时装圈注入大量的新鲜血液,同时也让自己这个科技大咖更具时尚感。巴黎、纽约、伦敦和米兰四个城市,为全球亿万观众呈现了迥然不同的时尚风格,也为英特尔提供了一个展现时尚科技的广阔平台。

将 Intelk® Curie™ 技术与奢侈品牌 TOME 相结合制作了特殊的手镯,通过在移动中保持联网而帮助女性改善健康和生活品质;和 BAJA EAST 的合作并发挥其轻奢品牌的特点,拉上球鞋品牌 FILA,结合中性风格以及西海岸休闲和都市冷酷风格设计出了一款全新的智能运动鞋,可为穿着者追踪与分析健身数据,将实用主义发挥到极致;与 Hussein Chalayan 联合设计了一套可反映情感与压力的衣服,模特儿所配戴的智能眼镜装有一个纽扣大小的脑电图描记器并由内置 EEG 电极监测生物数据,如脑电波活动,以此确定试用者的压力水平。

（整理/刘欣宇）

社交、内容、电商，三大主题解读互动营销
——对话原凯络媒体(中国)首席执行官侯静雯

　　面对纷繁复杂的国内媒体市场，媒介传播代理公司需要拨开重重迷雾，其中电通安吉斯旗下的凯络媒体(中国)(以下简称凯络中国)一直专长于品牌与消费者的沟通与互动，凭借多年坚持对消费者的深刻洞察，树立了全媒体的生态体系理念。2016年9月，侯静雯正式上任凯络媒体(中国)首席执行官，《媒体》杂志社记者就互动营销的发展趋势，与时任的CEO做了进一步的交流。

　　凯络一直强调重新定义媒体(Redefining Media)，通过重新定义品牌和消费者沟通的方式为客户创造更大的商业价值。如何重新定义？一是凭借对消费者数据的掌握和专业解读，在用户聚焦的社交平台帮助品牌进行互动传播；二是基于数据洞察，以专业的媒体视角把控内容创作，为客户提供全方位的内容整合营销服务；三是媒介融合时代，消费者的每次互动都可能直接导向交易，电商已经成为一个不可或缺的部分，让媒体出现在消费者的每个关键的交易点中，为客户带来直接销售及业务收益。而以上三点也正是侯静雯所提到的三大主题：社交、内容、电商。

一、依托数据和技术帮助广告主实现社交沟通

根据凯络中国最近发布的《2016 年中国媒体市场景观》报告，截至 2015 年 12 月，中国网民总体规模为 6.88 亿，社交媒体用户占总体网民比例超过 93%！面对社交平台用户集聚化与碎片化并存的现状，凯络如何帮助品牌与消费者沟通？采访中侯静雯给出了凯络在中国的应对策略，对此，凯络专门增设了基于大数据整合的社交团队，社交团队更多的是提供社交策略，这个完全基于数据模型和分析，即充分利用两大工具，一是消费者调研系统 CCS（Consumer Connection Study），其数据涵盖消费者行为、生活方式、态度以及与媒体相关的各种问题。2016 年 CCS 还推出了 2.0 版本，通过和腾讯的大数据合作进行 IP 匹配，使数据更加精准，以进一步实现凯络的数据理念"date to business"旨在把数据盘活成商业的解决方案。

二是凯络独有的社交媒体洞察服务"社交棱镜"（Social Prism），从社交媒体和人类社会学角度提供全方位的研究及效果评估机制，不仅可以通过科学模型帮助客户测量任意品牌、任意项目在社交媒体上传播的真实效果（Social ROI），而且能够在前端帮助客户在全媒体环境下完成社交媒体预算分配，还能帮助客户在选择代言人、投资电影电视节目、选择传播意见领袖等诸多领域得到来自社交媒体消费者反馈数据的支持。

如何对社交媒体上的碎片化数据进行分析应用？数据处理上，凯络在拿到数据时会先进行梳理，去除虚假信息，获取社交账号的真实影响力，再继续进行数据分析和模型使用；数据使用上，包括社交媒体投放数据的使用，帮助实现 KOL 选择、节目数据分析、后期效果分析等。未来凯络还会继续探索，补充开发目前缺乏的前期预测技术等。此外，数据还会提供给公司其他团队，通过实时检测分析，将分析结果实时分享至内容、电商等团队。同时，内容、营销团队在实战中发现的问题也会反馈给数据库，促进数据库优化。

凯络社交媒体坚持从数据和洞察出发，制作消费者喜闻乐见的互动创意，进行实时地创意和沟通，帮助客户不断推陈出新。

二、专业媒体视角把握内容方向

我们已经进入内容营销时代，内容运作呈现多渠道、多模式、多屏幕的趋势。（1）内容运营多渠道。一些内容运营商会跨越单一的平台，开发视频、广播、书籍等多种渠道。（2）内容盈利多模式。视频会员制、文章打赏制等不少新型的盈利模式开始显现。（3）内容呈现多屏幕。很多原本

只能出现在互联网端的网剧被端上电影屏幕，呈现方式上更多元。

内容营销是业界持久的话题，面对如此的现状，侯静雯介绍了她的见解："代理公司在内容方面的开发才刚刚开始，内容产业的参与者在增多，媒体方、平台方都在向内容上游发力，进行 IP 的制作。虽然参与方增多，但是内容仍未成熟，内容生产发展的策略、内容营销效果的衡量都仍在探索之中。"

凯络全球的统领思想是大力发展内容部门，通过与社交部门的数据等紧密对接，理性地依靠策略进行内容生产。2016 年 5 月，凯络在中国重新打造了品牌内容团队 EN＋英加娱乐，基于消费者数据及洞察，以专业的媒体视角把控内容创作，为客户提供全方位的内容整合营销服务。

在实际运营中，侯静雯尤其强调凯络中国在内容 IP 上的合作和生产，并表示目前有两种 IP 的运用策略。

一方面，是通过和大 IP 的深度合作。不再通过植入等生搬硬套的方式，而是通过有趣的互动方式进行合作。例如，凯络在帮助康师傅老坛酸菜面做营销活动时，通过对客户的深入了解，将酸菜面的辣度与四川进行匹配，又通过四川将目标锁定了当时热门的《功夫熊猫 3》。随后，通过自身集团优势，获取了同梦工厂《功夫熊猫》的合作机会，并开发了一系列有趣有料的营销活动。

另一方面，是 IP 的自我创造。目前，凯络中国和某客户合作，打造出一档亲子类节目。由凯络中国指定内容方向和策略，凯络新加坡团队进行内容制作。制作完成后会在媒体平台上落地投放，这样 IP 就完全属于客户自身，可以通过对这个 IP 的打造和开发，与其他品类合作，形成自产自销。自造 IP 也是未来凯络中国打算着重发展的部分。

最后，在内容生产、宣发的前后都有大数据的支撑，背后的逻辑可以通过数据来解释原因。侯静雯表示，对于媒体公司来讲，优势在于纵观客户的整体生意，而不是单纯地进行媒体分配，能够将内容作为客户整体营销策略的节点来设计，从而凸显内容价值。

三、品牌销售互联，电子商务功不可没

随着市场规模的扩大，如今电子商务的价值已经从销售中突破出来，并发挥了极大的媒体作用。在今天，电子商务已经成为整合营销的渠道，使品牌能够有效地与消费者联结。从品牌客户的传播诉求来看，电商同样成为必要环节。

采访中，侯静雯提到说："从更宏观的层面来讲，广告主的诉求趋势可以总结为：一是年轻化。在年轻一代的思想认知迭代越来越快的时候应对市场变化，品牌如何跟上年轻的脚步，和每一代的年起人都有相关性。二是中国地域很大，城市属性也不同，如何在营销过程中甚至分销过程中实现有效传播，是很多全国性品牌需要思考的。例如，凯络曾服务奥利奥进行农村淘宝的项目。

三是媒体平台繁多。对于广告主来讲如何判断品效也是难题,测量手段、数据来源都相对混乱。四是客户端的组织架构。大量客户端的营销人员都偏传统,属于专业性的营销人才,营销思维也需要破除传统,我们需要很多实验性的思维、创新型的思维,这对代理公司来说就有很高的要求,需要和客户一起手拉手去探索营销新模式。"

考虑到以上市场现状,侯静雯表示:"电商是十分重要的一个节点,是可以和消费者沟通的直接接触点之一,串联了广告主的品牌和销售,需要传达的信息和用户体验是生态中的核心部分。"

面对客户的电商销售诉求,媒介代理机构可以做什么?"我们不做后续的定价、运营等,我们的决策是在品牌层面上,"侯静雯回答说,"具体有三方面:一是思考如何将电商媒体与广告主使用的其他媒体进行链接,特别是思考电商如何与内容生态进行对接,根据客户不同的需求使用导流等方式对接;二是电商其实是客户从品牌到销售串联的两个节点的角色,利用凯络自有的数据和技术工具,帮助客户进行程序化投放,让客户在电商平台的媒体费用价值最大化;三是为客户提供专适用于电商平台的产品概念,在电商上面呈现方式、创意沟通,试用更有效、更能触达消费者的方式,例如,定制化产品,如包装盒等。"

凯络中国拥有专门的电商团队 iCart,在帮助广告主实现营销目标时,有效运用广告主投放在电商平台的媒体费用,制作电商媒体的整体策略,通过规划和优化交易型的媒体,让每一次的媒体曝光都能成为直接引导销售的途径。

如何解决电商平台所发挥的效能?侯静雯将其定义为"品效合一"。品牌方面,电商平台自身的大数据可以帮助品牌找到准确的目标消费者。比如,可以用支付功能与用户的真实身份准确绑定,还可以把每个应用的用户关联起来,通过追寻消费者的网上行为轨迹,了解消费者行为,进而实现精准的信息推送与营销。在与消费者的沟通中,也包括了对品牌的体验,店铺页面、包装甚至会员制度都是消费者体验品牌的重要途径。

效果方面,消费者的卷入和后期沟通也会关系到效果的长期实现。电子商务通过跨屏互动等充满趣味的形式,可以帮助新的品牌建立知名度和卷入度,促进品牌销售,实现效果营销。另外在电商购物完成后,消费者往往会发表评论,消费者之间还会形成互动,交流购物心得,从这个角度看,电商已然成为社交媒体平台,并帮助品牌建立自身的口碑,可影响效果实现的持久性。

站在数字营销的背景下,带着"重新定义媒体"的理念,面对社交、内容、电商媒体营销三大主题,凯络中国努力通过消费者数据洞察、发现,成为距离目标人群最近的媒介公司,并且依靠专业化的分工团队,提供全生态链的解决方案。侯静雯表示,未来凯络还有很多想要尝试的领域:在社交方面深耕,在内容方面创新,在电商方面打通。

(整理/曹雪)

移动化和大数据双驱动下的品效合一
——专访尚扬媒介北京董事
总经理董雁秋

互动营销的课题依然历久弥新，每一个时代都有新的趋势出现。对于广告代理机构来说，如何在新的浪潮中迅速适应并玩转营销是极具挑战性的课题。为此，本文作者专访了群邑集团旗下尚扬媒介（MEC）北京董事总经理董雁秋女士（Rain Dong）。

在与董雁秋女士的采访沟通中，我们可以清晰地捕捉到广告代理公司所服务的品牌广告主的三大核心诉求：品效合一的传播诉求、移动化和数据化的应用趋势以及对营销创新的追求。如何解读这三大营销诉求？如何将品牌广告主的三大营销诉求落到实处？本文通过与世界级广告代理机构的对话进一步展示了营销发现与观点。

一、品效合一策略侧重，效果仍需理性看待

品效合一其实并不新鲜，广告主对"品"和"效"的诉求一直存在，如今品牌和效果的双诉求凸显，并日益被广告主重视起来。

董雁秋女士基于多年广告媒体及数据营销经验，将广告主对品牌营销模式的应用归为两类：一类是早年互联网方兴未艾时，以建立品牌传播为主导的常规品牌销售模式——知道、了解、购买三步走，而随着互联网的发展和随之而改变的消费者行为和消费习惯，营销目标也侧重为拉动销售和增强消费者黏性，因此出于投资回报率（ROI）的考虑，效果营销成为具有挑战性的重中之重，此类广告主的典型代表为宝洁、中粮等传统企业。另一类是伴随着互联网发展而兴起，此类广告主又可分为两种：一是以品牌诉求为主，以小米手机为代表，可以迅速利用互联网基因实现品牌打造，然后通过饥饿营销等手段实现效果营销；二是以效果诉求为主，如戴尔的直销模式和美团等生活服务类电商平台，因为自身销售目标属性，率先追求产品销售，在效果发展达成一定规模上，为了进一步刺激销售也会通过电视、户外等广告投放，进行品牌力和偏好度的提升。

不过随着时代的发展，目前很多广告主在品效合一方面加强从品牌向效果的转化，而不同品类的广告主有不同的效果需求。对于广告主所追求的效果，董雁秋女士认为有两层含义：一是消费者相关，包括巩固原有消费者，提高其黏性，以及扩大潜在消费者。针对此种需求，一般通过电子产品新品体验、汽车试驾等营销活动实现。二是产品相关，提高产品销量。一般的营销策略为通过综合性或者垂直电商平台进行产品推广，例如，赠送优惠券、代金券或大幅度优惠等活动。

然而在追求效果营销的时候，也需要认清一些问题，董雁秋女士提醒众多广告主在对待效果营销时需理性看待。以电商平台为例，广告主认为只要进行电商营销，就可以获得良好的效果，但实际操作层面更为复杂，需要内外兼修，多方配合。事实上，在品牌或产品进入电商平台的初期，在广告引流投放等活动的催生下，效果增长迅速，但当流量和效果达到一定程度后会趋于平缓，并渐渐饱和或瓶颈，这时需要不断利用新型广告活动和多媒体平台整合优势进行再营销。消费者在电商平台上购物虽然以价格优势为首选，但依品类不同，对电商平台的高效利用可以有策略性地侧重，因此，营销机会有待挖掘。

不管是品牌还是效果营销，最终都要回到营销的本源上来，回到以消费者需求、认知、体验为中心的路径上来。对消费者的多维度认知和识别，以及随后针对性的精准营销，将会成为打破割裂的关键。换句话说，为了实现品效合一，下一步就要明确消费者目前的聚焦重点和沟通路径，即广告主目前的另外两方面诉求：移动化和营销创新。

二、移动化形式多样，机遇与挑战并存

随着手机等智能终端的普及，移动端的广告投放被越来越多的广告主所重视。移动营销之下的内容打造和消费者维护也围绕移动端展开。

然而，为什么移动端日渐受宠？董雁秋女士给出了这样的解答：一来，消费者对移动屏幕的黏性远高于其他屏幕；二来，移动营销与内容和社交相结合，所达成的与消费者的互动效果较比其他屏幕更具竞争优势。消费者的移动端行为从简单的通信应用到如今的娱乐、社交、支付等活动，有了跳跃式的转变。与之对应的，移动营销也从单纯的广告投放转变成了如何通过移动营销影响消费者的生活方式，完善消费者体验。

移动端虽然是大势所趋，但仍存在很多挑战。董女士表示，对代理商来说，目前移动营销主要有几方面困扰：一是针对消费者来讲，消费者使用移动端无意接受广告，对广告略有抵触心理，广告效果受阻；二是消费者分散在不同的应用平台上，难以集中和打通盘活，消费者在信息的学习中对营销服务的要求越来越高；三是针对内容来讲，移动端拥有海量内容，如何使营销信息跳脱出来是难题；四是广告内容展现生硬，如何使广告和投放平台相契合也亟待解决。

如何破解这些难题？董雁秋女士认为，可以结合移动平台及不同应用的专属特性，创造有吸引力和传播价值的内容或整合品牌特定活动内容，针对核心消费群体量身定制不同营销方式。

三、创新营销理念，发展营销新业态

无论屏幕如何变迁，广告营销的创新型基因是不会改变的。在营销创新方面，董雁秋女士给出了自己独特的见解："仰望星空，脚踏实地。"营销创新涵盖大的创新和小的创新。所谓大的创新，就是利用数字技术、人工智能和大数据等独有的或有望颠覆现有营销模式的变动。而小的创新即是通过对即有技术平台、模式和内容的创新型应用，找到独特的切入点深耕，站在巨人的肩膀上再向前看一步。

1. 仰望星空：数据与技术并行推动营销变革

从大的创新方面，大数据营销和数字技术已然成为现在营销的主流，推动着营销的变革。国内的营销模式正在进行一步步的摸索，如阿里巴巴早期在阿里平台开发的淘宝直通车、钻石展位等广告实时竞价工具，已经证明了数据营销在逐渐推进和改变了市场上现有的数据应用模式，与之相对应的，媒体代理商也会顺应大趋势做相应的服务调整。

　　数据和技术平台、广告主、代理商之间形成的是一个多向整合的闭环。数据和技术平台的革命与发展，推动数据应用者（代理商、媒体方）的探索。广告主通过提出更高的要求敦促代理商和数据方达成实效目标，推动技术的进步。代理商通过探索目前已有的营销产品和自行研发新型的营销工具，学习如何更好地应用和优化，给广告主带来更多的价值；同时将客户需求反馈给数据及技术的提供方，促进了营销发展。闭环的多方角色相互促进，共同为营销变革带来新的推动力。

　　然而，在数据和技术的应用上还存在诸多问题，最大的问题就是数据打通。首先，平台之间的数据难以完全打通。数据平台希望保持自己的独特竞争优势，不希望竞争对手和第三方平台由此获益，因此很多数据无法被开放应用。此外，每个平台都有不同类型的数据，平台内部和平台之间存在隔阂，没有统一的端口进行对接。其次，平台本身数据因为受到技术的发展局限，数据的筛选、优化和再利用技术还没有得到最大化提升，数据带来的增值服务还有待改善。

　　董雁秋女士表示，类似大数据和数字技术的创新是大势所趋，营销人要从现有的营销环境中突破出来，从营销行业长足的进步角度考虑。

2. 脚踏实地：传统与新兴共进打造品牌基础

　　在做好传统业务的同时，兼顾创意，帮助广告主进行营销创新。其主要表现在营销模式和营销内容两方面。

　　营销模式方面，对于媒体代理商来讲，在和客户商讨任何一个营销案例的时候，需要了解广告主最新的营销需求，并结合市场和媒体趋势进行创新。例如，群邑移动团队曾经帮助广告主在线下实体店利用 Wi-Fi 探针技术对进店消费者进行入店消费行为追踪等相关大数据分析。代理公司提供的服务基于对消费者深度洞察和顺应营销趋势，与广告主的合作更为全面深入，进一步加强对广告主市场营销的助力。

　　营销内容方面，一来，需要从繁杂的信息中找到易被忽略的洞察点切入，打造能触动消费者的内容；二来，发现优质IP，激发消费者关注。群邑拥有自己的内容营销部门，如影工厂（film work），拥有众多好莱坞等第一手的内容资源，可配合客户进行内容营销，四年前在《变形金刚》里崭露头角的伊利舒化奶就出自影工厂之手。代理公司也在努力将内容和模式高度结合，打造优质营销活动，发展营销行业的新业态。

　　无论是广告主品效合一的诉求、媒体营销向移动和数据转型的趋势，还是代理公司兼顾大小创意的现状，关于互动营销，董雁秋女士给出了自己的解读。同时她也表示，群邑集团和尚扬媒介作为广告公司行业的领先倡导者，在服务广告主和连接消费者方面会继续探索和突破，做好互动与数字业务多营销模式的开拓与创新，为营销新变革发力。

（整理/曹雪）

数字智能化：国双科技开创营销新局面
——国双联席总裁李峰专访

2016 年 9 月 23 日，国双（Gridsum Holding Inc.）成功在美国纳斯达克全球市场挂牌上市，成为中国首个赴美上市的大数据企业。本文即是来自国内最优秀企业级大数据提供商最前沿的观点分享。

一、11年探索，迎来行业新局面

2005年，还在清华大学就读的祁国晟和一些同学创立了国双科技，将企业定位为专注于企业级大数据分析软件的提供商。基于国双大数据平台独有的分布式数据架构和核心技术以及解决方案，国双科技立足中国，服务于境内的跨国企业、本土企业和政府机构，使客户充分洞悉数据间的复杂关系，获得全新的商业洞察，以更好地作出商业决策，提高生产力。

近年来，伴随着企业级服务市场需求的爆发，BAT（百度、阿里巴巴、腾讯）和国外巨头都已经开始关注和布局企业级服务，而作为先行者，国双最先尝到这个市场的甜头。

从官方披露的数据来看，国双近3年的收入有稳步的大幅度提升，从2013年到2015年，公司销售收入从6250万元提高到2.25亿元，年均复合增长率达到94%。这一增长趋势在2016年上半年仍在持续。公司的毛利率也一路攀升，从73%提高到现在的86%。与此同时，从2013年到2017年上半年，国双的销售费用、管理费用占销售收入的比例下降了37个百分点。

记者：您认为当前数字营销领域发生了哪些根本性变化？数据在营销过程中扮演了什么角色？

李峰：现在营销面临数字化转型，很多企业也面临数字化转型，而国双在过去11年里一直扮演的角色就是通过分析客户的数据去了解客户的行业，给客户带来帮助，使其运营效率得到提升。

结合国双的业务实践，我认为数字营销这个领域发生的最大变化在于大家对数据前所未有的重视和依赖。现在仅说重视数据是不够的，还有依赖。而这一变化最根本的推动者是品牌广告主。广告主对数据的理解和分析应用水平越来越高，同时也对技术和智能的期待更高了。现在很多广告公司都是在广告主的推动下被动学习，这不仅给了代理商压力，也给技术供应商提出了更高的要求。在这个产业链中，每个角色都开始越来越强调目标导向化、数字导向化。而大数据技术的不断创新，也在产业的推动下成为最重要的营销价值发现及策略判断的源泉。大家发现，通过对数据工具的投入，能够帮助洞察、预警、改进和优化，将不可能变为可能，也因此越来越关注数据的获取能力、分析能力，越来越愿意对数据进行投资。

记者：在数据驱动的营销趋势下，品牌营销将面临哪些实际挑战？

李峰：我认为挑战来自两大方面：第一，在于消费者行为的碎片化；第二，在于媒介和信息平台的去中心化。

当前，消费者的媒介行为越来越移动化，终端选择多样化，媒介的接触点也更加碎片和分散。而媒介本身也发生了变革，所谓的媒体权威的形象被淡化，微信带给我们全新的沟通体验、今日头条带来全新的阅读方式，而这些前所未有的新信息平台的数据捕捉也给品牌营销提出了更高的挑战。

二、解决问题才是对数字智能的最大挑战

自 2005 年成立以来，国双投入了大量研发资源，致力于为客户提供全面的商业智能解决方案。同时，也积累了大量的数据，通过机器学习的能力使其变得更加智能化。2015 年公司通过国家知识产权管理体系认证，最近 3 年申报发明专利逾 1 100 项。公司有自主研发的数据科技产品 30 多项。在技术、服务、产品规模的保障下，公司的交叉销售能力很强，客户黏度非常高。

记者： 日益精进的大数据技术让国双在互动营销领域实现了哪些突破？推出了哪些数据产品和服务？在哪些方面帮助品牌解决了问题？

李峰： 我认为国双在企业大数据市场最重要的竞争力在于我们不仅能够帮助客户找出问题、分析问题，更能帮助客户解决问题，在数字营销大趋势下，运用数据为载体和手段，为客户带来价值，提高转化率。

很多传统的数据类服务机构大多目前只能完成两个层面的问题：第一层是采集数据；第二层是分析数据，也会加入一些人工分析，就到此结束了。就像一般的医生给病人看病，说出病在哪儿之后，也给出了一些暂时缓解病痛的基本治疗方法，却不能告诉病人根治需要怎么做一样，让病人依旧感到非常痛苦，这是不够的。为什么不能给出结论和诊断意见呢？主要还是数据层面不能汇总、结构化并打通。而我们则能实现"采集数据＋分析数据＋给出结论"这三步，提供客户一站式的大数据解决方案，我们能告诉客户你的问题在哪里，并且应该如何解决。我认为这才是数字智能服务于互动营销的最终目的，也是最大的挑战。

在互动营销层面，我们有一个概念叫广义 CRM，把传统的 CRM 和数字营销领域所接触到的 CRM 打通，将我们监测到的线上数据和客户自己的后台数据融汇在一起，以帮助我们的客户能够更早地预见消费者的信息，更及时地实现购买转化。

比如，我们发现，现在有 60% 的消费者在进入 4S 店选购汽车之前就已经通过新媒体形成他的购买决策了。汽车消费者会在购买汽车之前，首先自主完成查看车型、试驾报告、测评报告及其他用户评论等这些行为，消费者的信息获取程度前所未有，购买前即对所要购买的产品特点了解得非常清晰，产生了购买决策提前的现象。所以，更需要通过数据来帮助企业客户更早地洞察到消费者的需求，找到他真正作决策的时间和过程，从而达到更好的营销效果。

国双的价值在于数据来源上，其实我们实现了将广告主自己的第一方数据、外部媒体的第二方数据和潜在消费者的第三方数据的打通。

这样的能力使我们能够为更多类型的客户提供解决方案，除了面向广告主的数字营销解决方案，我们还有面向广电新媒体运营者的新媒体解决方案，以及面向政府的电子政务解决方案和与

最高人民法院合作建设的法信平台。从营销的产品形态上来看，我们能够提供网页、视频、流媒体、移动、搜索引擎优化、电视、广告等 20 多种分析应用软件产品。

记者： 能否介绍一些真实的互动营销案例？

李峰： 比如，汽车类广告主，我们通过跟上汽大众建立联合数字实验室，以消费者为中心，研究最新市场动态，进行消费者行为研究、情感度倾向研究以及竞品分析，最终助力上汽大众达成如下三个目标：聆听客户声音、关注市场趋势、洞悉竞品动态。

再比如，国家大剧院。国家大剧院有官网，也有 APP，但是，之前每个人看到的页面都是一样的。其实，每个消费者登录国家大剧院的需求都不同，因此我们帮助国家大剧院的官网量身定制了数据解决方案，实现个性化信息推荐，以及演出信息的邮件推送、彩信推送，给消费者带来更好的体验。对于国家大剧院本身而言，通过我们的数据解决方案，国家大剧院能够第一时间及时掌握消费者关注的演出内容，洞察到消费者的喜好变化趋势，从而调整演出内容的设置和编排，形成了更优化的演出产品策略。

三、赴美上市，是荣誉，更是信赖

中国首个赴美上市的大数据企业，国双得偿所愿。荣誉之外，更有信赖和挑战。

记者： 怎么评价国双赴美上市成功？

李峰： 赴美上市成功之后，我们的确受到了国内同行的热烈追捧，这是对我们的认可，深感荣幸。作为在美国上市的唯一一家中国大数据企业能够参与国际舞台的竞争，是值得自豪的。

赴美上市对于我们的意义，不仅在于我们拥有了更加畅通的融资渠道和能力，更重要的是取得了国际资本市场的认可；登陆纳斯达克要比在国内主板上市、新三板上市严格得多，这要求我们从制度和技术层面上要保证客户的数据安全，并合法使用数据帮助客户实现数据价值。这也得益于我们服务了全球非常多的世界 500 强客户，而且这些客户对我们的技术和服务非常认可，对国双在大数据行业中的领先地位及发展前景也非常有信心，愿意和国双一起推动中国大数据行业的良性发展，这使得国双在面对最严苛的市场评估的时候更有信心与客户共同成长。

（整理/龙思薇）

第三部分　互动营销精选案例

【数字整合营销】

- 广告主：一汽-大众
- 媒体：微博、电商、网站、微信、自媒体等
- 代理机构：腾信创新
- 营销类型：数字媒体整合营销
- 实施时间：2015 年 12 月
- 核心策略：高尔夫 GTI 作为一款较为小众的汽车品牌，在机遇与挑战并存的情况下选择深耕粉丝人群的策略，通过触动在粉丝潜客心中 GTI 所代表的核心价值，将该价值放大，进而优化销售线索。"G 能馆"H5 激发粉丝热情，再从全渠道导流到电商平台，最终借助"G 情肆放"和"G 不可失"这两个 H5 将粉丝的关注度转化为购买力促进产品的线下转化。正是抓住了潜在客户的偏好，高尔夫 GTI 才能强化自身品牌特征，增强消费者的认同感，最终赢得了这场营销战役。

小众汽车如何营销？全新高尔夫 GTI 深耕粉丝并向电商导流

　　"让更多的人每天都能享受到极致驾控的乐趣，释放骨子里不甘平庸的能量"。从第一代起，高尔夫 GTI 不断演进、不断升级，却始终围绕这个目标，为数百万人带来了关于极致和操控的快乐体验。自 2013 年完成海外亮相后，"史上最强钢炮"——一汽-大众全新高尔夫 GTI 于 2015 年 11 月 4 日在国内正式上市，40 年传奇历史，七代车型的传承与创新，再次引爆 GTI 粉丝的热情。

　　高尔夫 GTI 作为运动两厢市场的王者，定位于城市青年和驾驶爱好者，是款较为小众的汽车。在多数中国人看来，尤其对于家庭乘用或个人来说，GTI 并不是一个"现实"的选择。另外，GTI 上市时间接近年底，恰逢广州车展这个极佳的促销时机。面临这样的机遇和挑战，如何利用 GTI 上市促进全系车型销售呢？

一、传播目标：以电商平台为核心，借助 GTI 上市
带动全系车型的销售转化

针对高尔夫 GTI 七代的上市推广项目，一汽-大众提出了以"年轻化"和"电子商务"为核心的传播诉求："年轻化"是指运用全新的数字创意征服年轻粉丝群体，产生深入的互动与沟通；"电子商务"是指以 GTI 为起点，打造一体化以电子商务为核心的一汽-大众数字传播生态。综合项目任务与客户诉求，本次营销传播最终确立了"以电商平台（向电商导流）活动为核心，借助 GTI 上市带动全系车型的销售转化"的传播目标。

为了更好地达成传播目标，营销服务机构腾信创新将传播目标进行分级：一级是扩大全新高尔夫 GTI 上市曝光度，最大程度地吸引潜在消费者；二级是进一步将潜在消费者导流至官方电商平台；三级是将潜在消费者转化为购买者，促进全系车型的销售。

二、受众研究：多角度研究定位粉丝群体，线上
调查洞察粉丝的品牌偏好与价值观

通过对市场认知、卖点分析、直接竞品对比的研究，腾信创新发现：粉丝群体，即先锋的、追求极致驾驶的、真正的普通人车迷，是高尔夫 GTI 的潜在消费者；用户口碑建立出的产品价值和品牌精神，是高尔夫 GTI 最大的差异化竞争优势。

1. 线上调查洞察粉丝群体

为了更好地了解高尔夫 GTI 粉丝群体的品牌偏好，腾信创新在线上调查了超过 100 位中国 GTI 车主。调查发现，除了 GUCCI、Chanel 等奢侈品品牌，他们还喜欢 DC 等极限运动品牌。而在谈到高尔夫 GTI 带给他们的体验以及感受时，DJ 胡逸昆表示："声浪太赞，当一发动引擎，听到发动机低沉浑厚的声音，马上让你血脉贲张！！"公司主管武慧珊表示："选择 GTI 开的是情怀，开的是信任，GTI 一直是我梦寐以求的 Dreamcar，一坐进车里就让我充满驾驶欲望，就是想买这种简约时尚范儿的！"

2. 触动并放大 GTI 代表的核心价值，优化销售线索

在线上调查的基础上，基于受访车主提到关于 GTI 的多个关键词，腾信创新提炼出与车关联最大的几个形容词——"勇气""热情"和"驱动力"，作为与消费者沟通的媒介。

勇气、热情和动力是 GTI 粉丝们热爱超速生活的信念，分别对应着高尔夫 GTI 的澎湃设计、

最高安全性能以及动感操作,而这也正是他们热爱 GTI 的原因:原始和纯粹的赛道体验、历史与文化。

因此,腾信创新将传播策略的核心定位于触动 GTI 粉丝在潜客心中 GTI 所代表的核心价值,并将该价值放大,进而优化销售线索。

三、传播执行:分步进阶,引爆粉丝,持续向电商平台导流

1. 预热期:激发粉丝线上热情

在预热期,腾信创新推出了"G 能馆"H5,展示历代 GTI 发展历程,同时融入当年独特的文化元素,激发消费者的回忆与纪念,巩固品牌认知。此外,一汽-大众与 Intel 进行跨品牌产品合作与移动合作,打造了"最 in 设 G"和"G 限解码"为主题的活动,定制款 Intel 平板电脑全方位展示 GTI 车型,将 Intel 芯片的极致性能与 GTI 的强劲动力的高性能紧密结合。高契合度的异业合作有效地提高了高尔夫 GTI 这款小众车型对大众消费者的吸引力。

"G 能馆"H5 页面

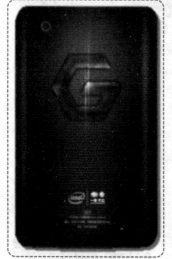

定制款 Intel 平板电脑与芯片   "G 限解码"活动页面

2. 上市期：潜在消费者圈地，为电商平台导流

"激情是不变的基因，极速是骨子里的热爱，加速、过弯、飘逸、小心快感上瘾。"为了更好地让目标消费者感受到高尔夫 GTI 高性能带来的驾驶快感，品牌方将汽车 3D 建模，并在 PC 端的一汽大众官网及其淘宝的官方旗舰店搭建"THE ONE CLUB"平台，以改装赛车车库为主页面，页面内悬挂前期活动的附属产品及创意元素，此外，还可以预约试驾。

此外，全新高尔夫 GTI 上市发布会还借助全渠道招募现场粉丝：在线下，通过四地车友会招募 31 人，通过改装车行招募 9 人；而在线上渠道共招募 107 人，具体包括在粉丝论坛招募 41 人，在粉丝俱乐部——大众公社招募 46 人，在电商平台天猫上招募 15 人，借助媒体论坛易车招募 5 人。

此外，高尔夫 GTI 发布会还通过现场粉丝及 KOL 在社交媒体平台进行持续有效的扩散传播。

产品 minisite 3D 建模

在微博平台,发起了"♯G情肆放,我在现场♯"的话题微博,分享现场盛况,引起大量的转发与关注;在微信朋友圈,粉丝分享关于发布会的原创内容,集赞领奖,推动二次传播。其中,作为超级粉丝的行业顶尖 KOL 也参与了活动,在微信朋友圈的集赞数甚至高达 1 041 个,进一步扩大了产品的知名度与关注度!

此外,高尔夫 GTI 发布会现场还进行了跨屏直播,页面浏览量达 17.5 万人次,独立访问用户数达 8.3 万人,成功借助直播这种传播手段在一定程度上扩大了发布会的影响力,并提高了粉丝的关注度。

3. 上市后:持续电商导流,促进线下转化

而在高尔夫 GTI 上市后,腾信创新借助"G情肆放"和"G不可失"这两个 H5 将粉丝的关注度转化为购买力,持续向电商平台导流,促进产品的线下转化与销售。

"G情肆放"这则 H5 主打产品卖点,是展现最新一代高尔夫GTI 车型的亮点,其分别展示动力操控、炫酷外观及精美内饰,并将用户导流至一汽大众天猫旗舰店。该则 H5 的微信推送浏览量达 9 095 人次,H5 访问量也达到了 77 745 人次,引发了消费者的关注。

"G情肆放"H5 页面

而"G 不可失"这则电商 H5,通过抽奖活动机制来激励消费者分享朋友圈,制造 GTI 预售信息的自传播。该则 H5 的微信推送浏览量达 22 078 人次,进一步提升了一汽-大众品牌的口碑;同时,有效预售订单达 28 台,在一定程度上激励了消费者购买行为的转化。

"G 不可失"H5 页面

四、成果评估：多重传播创意提振电商平台全车系销售,活动数据可观

1. 传播亮点总结

电商、历史、车型三大系列主题 H5 传播点燃粉丝的热情,在 GTI 核心人群建立了新车知晓度。一汽-大众高尔夫 GTI 与 Intel 高契合度的异业合作,有效扩散了小众车型对大众消费者的吸引力。同时,电商平台的一系列活动与外围引流动作,有效地提振了一汽-大众整个车系的售卖热度。

2. 传播数据盘点

三大系列主题 H5 触达面广泛：电商主题 H5 的微信推送浏览量达 22 078 次,有效预售订单 28 台;历史主题 H5 的微信推送浏览量达 20 657 次,共有 340 人参与抽奖;车型主题 H5 的微信推送浏览量达 9 095 次,访问量高达 77 745 次。此外,大众公社官方订阅号推送多篇 GTI 相关内容,平均阅读量过万。多渠道、多主题的媒体宣传,在极大程度上丰富了营销推广的维度与范围。

无互动,不营销

　　而通过全媒体渠道共招募 146 名发布会现场粉丝,高尔夫 GTI 发布会跨平台直播的页面浏览量(PV)高达 17.5 万次,独立访问用户数(UV)达 8.3 万人,直播当天专题页浏览量也达到了 7 万次。KOL 也发布了众多关于发布会现场的微信朋友圈,其平均点赞量达 300 次以上,极大程度上扩大了一汽-大众高尔夫 GTI 七代发布会的关注度。

(整理/陈苏明)

- 广告主：华为
- 媒体：ZOL、携程、有道词典、百度
- 代理机构：迈势北京
- 营销类型：跨媒介整合营销
- 实施时间：2016 年 5 月 16 日—2016 年 7 月 31 日
- 核心策略：在移动 Wi-Fi 市场的红海中，华为选择与携程合作，采取"旅行线路植入＋线下自驾体验"的传播方案将产品带入旅游的使用场景，对消费者进行真实的使用教育；联合垂直媒体 ZOL 策划"极限环境"挑战活动，征集试用网友，实地评测产品功能；投放硬广，购买关键词，通过黏性平台和聚合平台销售导流配合，提升消费者认知。通过"教育＋评测＋导流"的核心策略，提升了消费者对产品与品牌的认同感，成功"说服"消费者进入最后一环的购买环节。

红海市场如何营销？华为随行 Wi-Fi 提升消费者认知并向电商导流

　　近年来，出境游市场高速发展，移动 Wi-Fi 也越发受到消费者的青睐，小米、联想、360 等企业纷纷入局。目前市场上移动 Wi-Fi 产品丰富，功能也基本完备，竞争十分激烈。虽然移动网络使用场景十分丰富，消费者对此的需求也较强，但消费者大都对移动 Wi-Fi 类产品的认知偏弱。

　　在这样一个红海市场中，华为移动 Wi-Fi 产品价格优势不明显，如何脱颖而出、迅速扩大市场占比成为亟待解决的发展难题。为此，迈势北京基于市场现状，为华为移动 Wi-Fi 产品量身打造数字媒介整合营销方案，以加强消费者认知，助力产品的市场推广。

一、传播目标：提升并加强消费者认知，进而促进销售转化

通过市场环境分析、竞品分析和消费者分析，迈势北京明确了华为移动 Wi-Fi 产品面临的两大传播挑战：一是如何在消费者对移动 Wi-Fi 类产品理解较弱的情况下进行消费者教育；二是如何在竞争激烈、价格优势不明显的情况下提升产品认同。

针对以上两大传播挑战，迈势北京提出了分级的传播目标：一级是建立消费者对移动 Wi-Fi 产品使用场景的认知，以及提升消费者对华为品牌和华为随行 Wi-Fi 产品的认知；二级是加强消费者对华为随行 Wi-Fi 产品核心功能点的认知，提升消费者对产品的认同感；三级是通过传播活动，实现向电商页面的导流，并形成销售转化。

二、市场洞察：多维度剖析目标消费者，制定媒介策略组合

1. 结合目标人群描述，通过大众消费群体对比分析，构建消费者属性定义

华为随行 Wi-Fi 的目标消费者为中青年群体，具有高学历、高收入和高决策力，有社会责任感，乐于接受新鲜事物。此外，目标消费者的工作压力大，由于工作需求，经常往返于全国乃至全球各地；他们的消费需求旺盛，品牌意识强烈，追求高品质生活。

结合华为对目标人群的基本状态和生活状态的描述，通过大众消费群体对比分析，迈势北京构建了目标消费者属性定义——商旅人群、高净值人群、追求生活品质和海外旅行的达人。

2. 研究消费者使用场景和使用痛点，进行消费者洞察

在构建了目标消费者属性定义之后，迈势北京进一步研究发现，目标消费者往往会在以下三种场景中使用移动 Wi-Fi 产品：一是商旅出行时，随身携带随行 Wi-Fi 产品，可以提供高速无线网络，是工作的好助手；二是海外旅行时，随行 Wi-Fi 产品可以解决海外网络问题，多人使用，分享照片视频；三是在城市极端环境下，如地铁、景区等，随行 Wi-Fi 产品可以保持流畅的网络。

同时，迈势北京在研究中还发现，目标消费者在使用随行 Wi-Fi 产品时，存在以下三种使用痛点：一是同时支持设备数量有限，多人之间文件传输不便捷；二是设备大、重量沉、电量弱，与多款电子设备同时携带不便；三是海外及极端环境下信号不稳定。

结合使用场景与痛点延伸，迈势北京总结出两大核心问题——目标消费者不了解移动 Wi-Fi 怎么使用以及移动 Wi-Fi 不便携、信号不稳、电量低，进而提炼出目标消费者需要的是便携的、随时随地的、高速稳定的、简单易用的无线网络。而华为随行 Wi-Fi 产品可以提供天际通的服务，境

外上网信号强；HiLink 支持多人连接，零流量传输；9 600 毫安大容量充电宝也保证了长时间的使用；华为随行 Wi-Fi 产品恰好可以满足目标消费者的需求。

3. 从推广目的延展媒体职能，从而制定媒介策略组合

为了更好地达成认知度、偏好度、关联度这三方面的传播目标，迈势北京通过 CNRS、艾瑞数据分析和比对消费者触媒习惯，提炼核心观点，延伸媒体要承载的职能：首先，要抢占关注先机，提升华为随行 Wi-Fi 品牌知名度，吸引用户关注；其次，借助垂直媒体进行专业佐证，解决用户购买决策和产品使用问题，通过对比，彰显优势；最后，将旅游＋工具场景关联，联合同类产品借势推广，建立产品独特定位。

基于上述分析，迈势北京制定了媒介策略组合，将选取搜索引擎这个高聚焦平台、垂直媒体类的高需求平台和旅行/学习办公类的高黏度平台，电商引流＋场景营销＋SNS 传播全面发力，借助场景营销进行互动教育，并配合硬广投放提升消费者认知，最终形成消费者对产品的认知，实现销售转化。

三、创意执行：使用教育＋评测互动配合活动推广，
不断向电商导流

1. 将产品带入场景，进行真实的使用教育

基于对消费者不了解移动 Wi-Fi 怎么使用的洞察发现，并结合消费者外出游玩需要流畅的无线网络、实时与朋友分享旅途中的见闻的需求，迈势北京采取了"旅行线路植入＋线下自驾体验"的传播执行方案，与携程合作，将产品带入旅游的使用场景，进行真实的使用教育。

华为随行 Wi-Fi 冠名携程旅行线路之兰卡威 6 日 4 晚自由行，进行旅游线路植入，场景化介绍天际通功能。此外，线下还邀请了携程 KOL 进行京郊自驾游，全程体验产品，并拍摄视频。随后 KOL 分别创作游记，并在游记中进行产品植入。随后兴趣类平台 KOL 参与游记的转发，进一步扩大影响力。在整个活动中，携程 APP 频道首页大曝光资源，进行活动导流，优质入库，提升曝光；此外，携程还生成了活动聚合页面，承载冠名线路和产出内容，视频和 PR 稿件结合进行二次传播，360 度全方位呈现华为随行 Wi-Fi 产品的功

携程上的旅游线路植入

能点，并通过跳转链接，向华为电商平台导流，以促进销售转化。

2. 将产品带入痛点，进行真实的评测互动

基于消费者认为移动 Wi-Fi 并没有那么好用，而实际生活中又有各种需要用到移动 Wi-Fi 的极限场景，迈势北京联合垂直媒体中关村在线（ZOL）策划【极限环境】挑战活动，征集试用网友，实地评测产品功能。

KOL 创作的活动游记页面

活动前期制作专题页介绍活动，通过专题页和论坛，邀请消费者报名参与。随后，从中选出 20 名报名消费者，分别前往【地铁/演唱会/都市酒吧街/台湾/美国】五个极限场景，进行产品实测，直击信号、便携性、电量等痛点。五大场景最终共产出 20 篇 UGC 评测，口碑内容可信度高，在一定程度上优化了传播效果。

在整个活动过程中，ZOL 手机频道首页文字链＋大曝光资源，吸引关注。ZOL 还搭建了PC＋移动端活动专题页，承载产出物，对活动内容进行二次传播。此外，ZOL 首页＋频道首页优质大曝光资源集中曝光，向电商平台引流，实现销售转化。

最终，招募活动参与人数超千人，活动及试用帖等评测文章的浏览量超过 300 万人次，在一定程度上取得了成功。

3. 黏性平台和聚合平台销售导流配合

配合上述活动，华为还在有道词典和 ZOL 这两个黏性平台上投放了硬广，实现向华为电商平台的跳转。ZOL 首页＋频道首页优质大曝光资源集中曝光，引流销售；有道词典查词结果页全流量硬广曝光，广泛覆盖，进行消费者导流。

此外，华为还购买了搜索引擎的关键词，如华为 hilink 等品牌词、360 随身 Wi-Fi 等竞品词、随行 Wi-Fi 等产品词以及随身 4G Wi-Fi 等通用词，通过搜索营销向电商平台导流。

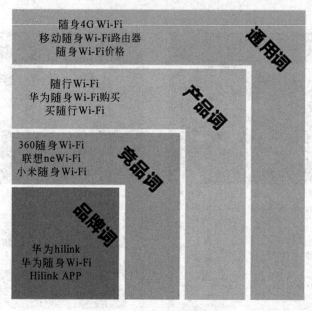

随身4G Wi-Fi
移动随身Wi-Fi路由器
随身Wi-Fi价格

通用词

随行Wi-Fi
华为随身Wi-Fi购买
买随行Wi-Fi

产品词

360随身Wi-Fi
联想neWi-Fi
小米随身Wi-Fi

竞品词

华为hilink
华为随身Wi-Fi
Hilink APP

品牌词

华为购买的搜索平台关键词

四、营销效果：使用场景内容产出＋互动参与，提升消费者认知

1. 消费者与 KOL 共同产出使用场景

在活动中，消费者和 KOL 共同产出了众多内容，总共创作了 1 条场景体验视频，在携程专题页上发布了 3 篇 KOL 游记，随后 6 位 KOL 转发游记。此外，20 名网友也参与了场景评测，并撰写发布了评测报告。

2. 超过 650 万人次参与互动，加深了了解

在整个活动中，基于内容产生了较多的互动量：在携程上，活动页的页面浏览量（PV）达 20 万，KOL 游记和视频的互动量总计 10 万；而在 ZOL（中关村在线）上，活动页的 PV（页面浏览量）达 320 万人次，评测文章互动量达 300 万篇，活动线上报名人数共有 1 300 人。在整个活动中，共有超过 650 万人次参与了互动，加深了对华为随行 Wi-Fi 产品的了解。

3. 消费者认知提升明显,认知成本得到优化

纵观整个活动,活动内容的实际曝光量与实际点击量分别比预估提升了 7.91% 和 39.10%,曝光和点击这两个认知指标最终超额完成,消费者对于华为随行 Wi-Fi 产品的认知明显提升。同时,每千人成本(CPM)和每点击成本(CPC)也分别降低了 28.11% 和 7.33%,认知成本得到一定的优化。

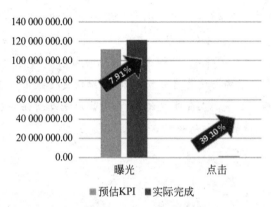

活动预计和实际的曝光量、点击量

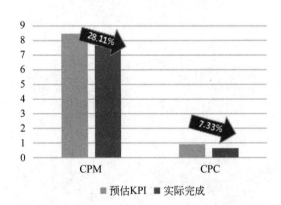

活动预计和实际的 CPM 及 CPC 指标

(整理/陈苏明)

- 广告主：肯德基
- 媒体：网络媒体
- 代理机构：意凌·安索帕
- 营销类型：数字整合营销
- 实施时间：2016 年 8 月 1 日—2016 年 8 月 28 日
- 核心策略：作为肯德基在 2016 年奥运期间打造的一场营销战役，结合奥运热点自是少不了的内容。结合消费者致力于为奥运加油助威的洞察，肯德基推出了一款全新的"红色鼓励"桶，享受美食时，它端坐是"桶"，享尽美味时，它翻身成"鼓"，可敲打成为加油助威的"神器"。以产品包装作为互动载体，在用餐场景内与消费者互动起来，鼓励消费者敲出对中国队的鼓励，助威燃情的夏日奥运。通过鹿晗、李宇春等高人气明星的助力，为此次活动增强关注度。同时，浓浓中国风的桶身设计也致力于增强品牌的本土化形象。

肯德基"红色鼓励",借力奥运的网络营销

  体育盛事历来是品牌必争之地,尤其是在人人都会为之加油助威的奥运会期间,肯德基自然不会错过这个难得的营销契机。

  在 2016 年奥运季期间,肯德基推出全新产品组合商品,结合体育热点,针对新一代消费者打造了一场"红色鼓励"营销战役。肯德基市场部负责人表示:"作为立足中国的餐饮品牌,肯德基不仅致力于为广大消费者提供丰富的美食选择,也在为继承与发展传统文化而不懈努力。借助'红色鼓励'夏季营销活动,我们用创新的形式演绎经典,增进了与年轻一代的互动沟通,以中西交融的创意方式呈现出品牌的青春活力。"

一、市场洞察：以年轻群体为受众制定媒策

1. 追求品销结合，机遇、挑战并存

在 2016 年奥运季期间，肯德基推出全新产品组合商品，意图在提升销售的同时，透过奥运桶的推广，将"年轻人—KFC（肯德基）—奥运营销"三者连结起来，进而强化消费者心中肯德基年轻、深入本土文化的品牌形象。

奥运季无疑给肯德基带来了一个极具热度的时间点，但是肯德基并非本次奥运会的赞助商，如何巧妙结合奥运热点，突破重围引发关注？如何融入赛事进行主题性产品的推广，进而吸引消费者入店？这些都是横亘在肯德基面前的难题。

2. 洞察品牌消费者属性，制定媒体策略组合

作为西式快餐消费人群，肯德基的品牌消费者主要确定为 16～35 岁的年轻群体，他们关注运动赛事，尤其是在奥运季的热度下会投入自己更多的注意力；他们思想开放，勇于打破常规；他们愿意尝试新鲜事物并扎根社交平台，乐于分享自己的感受。

基于这样的消费者属性，意凌·安索帕（Trio Isobar）为肯德基选取了 OTV、H5 互动、网络视频、Social 平台（微博微信）、音乐平台等受众属性与肯德基品牌消费者属性相似的媒体组合，舞台已经搭好，一场网络营销的大幕即将拉开。

肯德基"红色鼓励"桶身设计

二、创意阐释：以中国文化为灵感，化桶为"鼓"

致力于打造本土化品牌形象的肯德基，此次战役推出了一款具有浓浓中国元素的新产品——"红色鼓励桶"。吉祥喜庆的红色配上青花瓷蓝，桶身印有祥龙、飞鹤、锦鲤、祥云等传统元素，独特新潮的中国风设计不仅让人眼前一亮，更表现了肯德基创意、年轻、有活力的品牌态度。

其巧妙之处在于，享受美食时，它端坐是"桶"，享尽美味时，它翻身成"鼓"，可敲打，成为加油

助威的"神器"。以产品包装作为互动载体,在用餐场景内与消费者互动起来,鼓励消费者敲出对中国队的鼓励,助威燃情的夏日奥运。

三、传播执行:以网络营销为主链,线下并行

无论创意多么有趣,没有有效的传播也是空泛之谈。此次肯德基红色战役针对年轻的消费者群体,主打网络营销,并辅以多个与"红色鼓励,由你传递"主题相贴合的线下活动。其线上为主,线下并行,多种类型的媒体策略相结合,全方位触达受众,吸引受众参与,为品牌营造了一个良好的本土化形象。

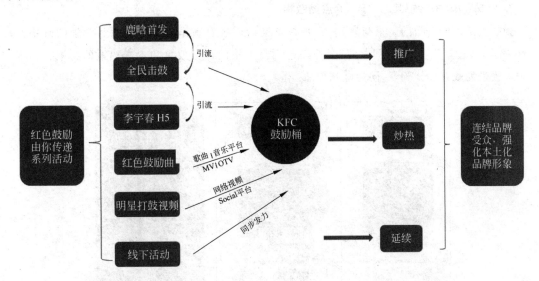

1. 推广:鹿晗首发推新,全民敲"鼓"助威

首发推广明星肯德基选择了具有超高人气的鹿晗,结合鹿晗形象与红色鼓励视觉主题,使鹿晗化身为运动基因极其发达的鹿店长,以"给你一鹿红色鼓励"为口号,借助鹿晗的影响力推出新品,并吸引第一波品牌爱好者与粉丝的关注。

由鹿店长吸引过来的关注者将会被引流至一支 H5 小游戏,"红色鼓励桶"桶身提供一个二维码,扫码即可进入击鼓互动体验。以全民击鼓方式,累积全民鼓点,振奋中国军团赛场激情,为胜利加油。伴随红色鼓励曲的节奏,用户累积鼓点越多,其鱼、鹤等助威图腾将随之跳跃而出,呼应助威加油精神。

在奥运燃情的背景下,敲鼓行为贴合受众激情助威的心理,将品牌与受众紧密相连,在受众享受游戏乐趣的同时初步形成品牌本土化的认知。

击鼓游戏界面

2. 炒热：H5 击"鼓"互动，"红"歌点燃激情

为扩大微信朋友圈的声量与影响力，肯德基邀请李宇春制作以微信界面为背景的破格互动 intro 视频，通过李宇春迈出"朋友圈"大秀鼓艺别具一格的视觉效果和青春热血的感染力引导用户进入击鼓助威互动体验，一同为胜利加油。

李宇春"朋友圈"破格打鼓画面

这里的"红"歌指的是本次战役的独有战歌——"红色鼓励曲"。如果说"红色鼓励桶"的创意打造了从传统挖掘能量的核心内容，那么"红色鼓励曲"的上线更加重了此次营销战役的传统色彩。谭维维与华阴老腔在 2016 年的春晚上已经有过令人眼前一亮的表现，其歌曲融合了中国华阴老腔的唱腔以及西方摇滚音乐的混编，为听众呈现出了传统文化的独特腔调。本次肯德基的红色鼓励曲改编自春晚已经为大家熟悉的曲调，降低了大众的接受门槛，作为早已自证成功的作品，保证了一定的传播度。歌词经过改编后注入了"助燃""热血""鼓励"的元素，帮助肯德基巧妙地结合了奥运热点，传递了品牌助力奥运的理念。

"红色鼓励曲"发布于包含 QQ 音乐、虾米、酷狗、酷我、网易云音乐、喜马拉雅 FM 等在内的国内网络各大主流音乐平台,谭维维除演唱《红色鼓励》歌曲外,也以音乐 MV 形式拍摄本次新品 OTV,以推广新品协助销售。

谭维维 60s MV"红色鼓励"产品广告 OTV 画面

3. 延续:明星多维助阵,线下并行开展

肯德基借助"全民敲鼓""红色鼓励曲"创下了一定的热度之后,接下来的问题就是怎样延续这种热度。随着赛事进程的发展,肯德基进一步发力,邀请李宇春、谭维维、白举纲等明星上传打鼓视频,创造网络声量,并配合活动邀请用户一同击鼓,为胜利加油。与此同时,由李宇春及鹿晗领衔的明星态度体系列海报也同步上线,助力新品上市的同时,也为赛事加油助威。

此外,肯德基还运用明星号召力,与新浪微博持续推出相关活动(如"猜鹿晗最爱新品赢签名照""上传打鼓视频赢李宇春演唱会门票"等活动),吸引用户参与,依托 Social 平台持续发声,延续品牌热度。

鹿晗态度体海报

4. 线下并行开展,集体行为引发围观

肯德基本次的营销战役虽然主推的是网络营销,但同样少不了线下活动的助力。以红色鼓励

为核心概念,并与奥运季流行的运动话题以及年轻人喜欢的音乐相结合,肯德基在全国开展了一系列线下活动。例如,有李宇春出席并通过互动大屏幕邀请现场参与者一同击鼓为胜利加油的Echo音乐节活动;延续击鼓舞蹈形式,传递为胜利加油的正能量肯德基红色快闪活动;邀请民众一同夜跑,诠释运动和互相鼓励快乐精神的肯德基红色夜跑活动等。这些活动深度借力奥运热点,引发了市民强势围观。

四、营销效果：以活动数据为评估,效果显著

启动于8月伊始的"红色鼓励由你传递"系列活动在社交媒体创造了近5亿的曝光量,推广活动上线20天,击鼓体验互动参加人次突破1 037万,累积鼓点超过5 500万次;为炒热活动所做的红色鼓励MV上线仅仅8天,播放量即达到1 623万次;延续品牌热度的李宇春互动视频播放量突破300万次,仅仅5天时间,李宇春打鼓视频秒拍播放量达到114万次,谭维维打鼓视频秒拍播放量达到165万次。

可以看到,不同目的节点下的营销活动都取得了可观的关注度。不是本次奥运赞助商的肯德基同样巧妙地结合了奥运热点,不仅突破重围吸引了消费者入店,还强化了肯德基在消费者心中年轻、深入本土文化的品牌形象。

(整理/程颖)

- 广告主：康师傅
- 媒体：全媒体
- 代理机构：凯络中国
- 营销类型：数字媒体整合营销类
- 实施时间：2016 年 1 月
- 核心策略：若想与目标消费者群体进行沟通，品牌方必须重塑自身的沟通方式与传播语言，借助消费者对某些内容的喜好来吸引他们的关注。凯络中国借助消费者对《功夫熊猫3》电影内容的高关注，通过梦工厂原班人马打造品牌微电影《一碗面的功夫》，以番外篇的鲜活形式将品牌主独特的产品特色传达给目标消费者。以电影 IP 为核心，通过全媒体整合营销，借助电影的大势来赚取观众的眼球，赢得消费者的注意力。通过从"借势"到"借视"的手法，将消费者对电影的高关注转移到品牌本身。

"一碗面的功夫"助力康师傅老坛 "反客为主"

  2008 年,统一开创了老坛酸菜口味的先河,8 年间,几乎统治了酸菜口味方便面市场。康师傅老坛酸菜牛肉面作为一名后来者,无论在知名度、品牌形象及销量上都远远落后竞争对手。不甘落后的康师傅老坛酸菜牛肉面频频出招,力求在"酸菜口味"这一细分领域改变自身追随者的身份,其先后利用加大媒体投资、更换传播语言、雇用新的代言人等营销方式与统一老坛酸菜牛肉面进行博弈,但都收效甚微,始终无法超越竞争对手。

  8 年后的 2016 年 1 月,正值贺岁档大片纷至沓来之时,神龙大侠阿宝借《功夫熊猫 3》强势回归,大 IP 吸引的流量自是不必多说,而康师傅老坛酸菜牛肉面更是借力"功夫熊猫"这个卡通形象,通过一系列原创的品牌内容及沟通整合的营销手法,以"一碗面的功夫"打响了 2016 年市场营销的第一枪。

一、市场洞察：面对强敌和消费者年轻化

1. 撼动统一领导地位，力争老坛第一品牌

2008年，统一老坛酸菜牛肉面上市，一举开创了酸菜口味方便面的先河。作为统一方便面业务的旗舰品牌，老坛酸菜牛肉面一直是统一的重点媒体投资对象。仅2015年，其媒体投资金额是康师傅的3.54倍。而康师傅老坛酸菜牛肉面自2009年发售以来，一直生存在统一品牌的阴影下。消费者对于康师傅老坛酸菜品牌的认知在关键指标上（高质量产品、产品口味、工艺用心）一直落后于统一。

如何在较晚进入市场的劣势下占据更大的市场份额？如何在竞争对手多年的阴影下取得新的突破？如何撼动对手在这一领域的市场固有领导地位？如何在品牌认知度上超越统一，成为老坛酸菜牛肉面第一品牌，进而促进销售？

这些既是康师傅老坛酸菜牛肉面的营销传播目标，亦是其所面临的挑战。

2. 消费者社交电影控，全媒体大片齐助阵

康师傅老坛酸菜牛肉面此次营销针对的消费者是一群15～24岁的年轻人。他们喜新厌旧、容易被流行、时髦与新奇的东西打动；他们对市场惯用的陈词滥调或漠不关心，或心生反感，很少愿意投入自己的注意与关心；他们伴随着互联网成长起来，作为数字化的一代，他们网络的使用渗透率远远超过电视；他们每天会花费大量的时间在网络上，其中作为名副其实的"社交控"，社交网络和微博会占据他们半数以上的时间；他们身处多屏任务时代，90%的触屏时间用在超过3种屏幕以上的情境下；他们认为看电影是必不可少的精神消费，对于电影内容的亲密度极高。

由此，凯络媒体（中国）帮助康师傅选择了贺岁档大片《功夫熊猫3》，并确立了全媒体平台的整合营销方案。

二、策略创意："借势"电影，全媒体整合

若想与目标消费者群体进行沟通，品牌方必须重塑自身的沟通方式与传播语言，借助消费者对某些内容的喜好来吸引他们的关注，而贺岁档上映的《功夫熊猫3》，就成了康师傅老坛酸菜牛肉面用以获得目标消费者注意的吸引点。

凯络中国借助消费者对《功夫熊猫3》电影内容的高关注，通过梦工厂原班人马打造品牌微电影《一碗面的功夫》，以番外篇的鲜活形式将品牌主独特的产品特色传达给目标消费者。以电影IP

为核心，通过全媒体整合营销，借助电影的大势来赚取观众的眼球，赢得消费者的注意力。通过以"借势"到"借视"的手法，将消费者对电影的高关注转移到品牌本身。

三、品牌传播：IP 强关联原创内容

如何将 IP 粉丝转化为品牌粉丝，助力品牌传播？

借助美国梦工厂定制视频《一碗面的功夫》，以电影 IP 将"热衷面条的阿宝""功夫明星王宝强""康师傅老坛酸菜牛肉面"三大元素连接起来，形成一个生动有趣、流畅自然的故事。《功夫熊猫 3》的上映为康师傅提供了得天独厚的契机，除了阿宝的形象与康师傅老坛酸菜牛肉面一直所倡导的幽默、诙谐不谋而合之外，"功夫"的概念也能有效地将康师傅老坛酸菜牛肉面想要传达的32 道老坛工艺相结合，以区别竞争对手。

通过微电影生成品牌原创内容，塑造品牌形象；通过电视媒体投放、网络视频推广、社交媒体话题炒作、户外媒体露出等方式全平台推广，进而提升视频曝光量。

"热衷面条的阿宝""功夫明星王宝强""康师傅老坛酸菜牛肉面"三大元素合一

四、促 动 销 售

如何回归营销的终极目的，拉动产品销售增长？

借助"功夫夺宝令 SP"活动最大曝光、线上线下平台打通，通过电视媒体投放、网络视频贴片投放、SP 促销游戏互动、户外线上导流等方式,缩短传播到销售的距离,进而拉动产品销售,提高品牌市场占有率。

在营销过程中,康师傅精准把控 IP 的传播周期,把老坛酸菜牛肉面的产品特性与功夫熊猫的 IP 价值有机结合,将 IP 热门话题回归品牌产品,最终实现营销的终极目的——销售增长。

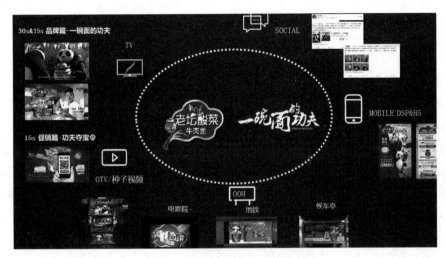

全媒体 360 度媒体曝光

五、计划执行:视频先行,有效助力销售

营销活动整体分为两大阶段,利用从"借势"到"借视"的传播手法,将内容 IP 的高关注度引至品牌想要传达的核心诉求,再转换为实实在在的销量。

1.《一碗面的功夫》造势,吸引受众关注

摒弃了以往惯用的内容植入合作模式,通过与梦工厂深度的内容合作,制作了《一碗面的功夫》这部品牌微电影,并以《功夫熊猫 3》番外篇的形式在电影宣传期进行强力宣传。

2015 年 12 月 31 日—2016 年 1 月 15 日:《功夫熊猫 3》电影上映前,番外篇《一碗面的功夫》预先上映预告,并在优酷、搜狐及爱奇艺搭设了番外篇的主题网站,通过片花、剧透及主题内容短片等形式吸引消费者的注意。

2016 年 1 月 18 日—2016 年 1 月 27 日:番外篇《一碗面的功夫》正式上映,同期利用微博以♯一碗面的功夫♯为话题发起约战活动,在赚取观众眼球的同时引导观众参与互动。

2016 年 1 月 28 日—2016 年 2 月 2 日:32 式老坛秘制功夫卡传播,助力视频传播。

2. 功夫夺宝令促销，高关注转销量

依靠内容 IP 赚取了高关注度后，"功夫夺宝令"活动紧随而上，趁着电影热映的契机，利用电视、OTV、H5、户外及产品包装的全媒体整合宣传，将特别设计的促销活动全面曝光。以"压面神器"为奖品，吸引功夫熊猫迷参与互动。

六、营销效果：品销双丰收

在统一同时期投入相较康师傅103％的媒体花费的背景下，康师傅老坛酸菜牛肉面借助《一碗面的功夫》，数字媒体整合营销在媒体曝光、销售、品牌三大方面均取得了良好的效果。

1. 媒体曝光结果

全媒体曝光人次实际效率达到133％。《一碗面的功夫》社交传播曝光量为4.06亿，网络视频播放量为1.65亿；互动量为252万；微博话题阅读量为9 700万、讨论量为88万；电视曝光人次为P4＋5.62亿、P15-35为1.86亿。

《功夫夺宝令》网络视频贴片重点市场到达率为3＋：28％、曝光量2.52亿；H5互动页面PV786万、互动参与量452万；电视曝光人次P4＋4 500万、P15-35 1 700万；户外电影贴片覆盖132个城市、全国530家影院，覆盖310万人次。

2. 销售业绩

在统一同时期投入相较康师傅103％的媒体花费的背景下，天猫平台销售统计，康师傅老坛酸菜牛肉面的电商销量增长了657％，市场占有率增加了7％。

品牌形象主要认知指标 vs. 统一老坛

3. 品牌认知

截止到 2016 年 3 月的 Ipsos 研究数据,康师傅老坛酸菜牛肉面在口味(50%)/质量(73%)/研制(69%)/食材(48%)/价值(67%)方面均高于竞争品牌(统一老坛酸菜牛肉面),可以看到,康师傅从"借势"到"借视"的策略,不仅为康师傅老坛酸菜牛肉面带来了销售额的增长,也在消费者心中留下了深刻的品牌印象,达到了"反客为主"的目的。

（整理/程颖）

- 广告主：亿滋国际
- 媒体：移动 APP 媒体
- 代理机构：凯络中国
- 营销类型：移动媒体营销类
- 实施时间：2015 年 9 月
- 核心策略：奥利奥此次营销以五款全新的饼皮闪亮上市，每块饼皮上的图案都代表一种创意新玩法，旨在激励消费者在玩转五块带有不同含义的饼皮的同时，重新唤起消费者对奥利奥的喜爱。核心策略是利用奥利奥饼皮的推陈出新，通过媒介最大化带动品牌互动，从而吸引更多消费者，扩大奥利奥品牌影响。这不仅仅是一场简单的营销活动，更是一个品牌与消费者共同趣玩的花样连接。

奥利奥新玩法，创新饼皮全民玩转

奥利奥诞生在 100 年前的美国，是亿滋集团下的超级明星和饼干之王，是全球巧克力味夹心饼干的代名词。自 1996 年进入中国以来，奥利奥迅速成长为强势饼干领导品牌，其"扭一扭，舔一舔，泡一泡"的经典吃法更是一传十，十传百，在人们心中留下了深刻的品牌印象。

2014 年，奥利奥以"玩转奥利奥"的概念重新定义这款饼干，意在从"扭一扭，舔一舔，泡一泡"的亲子情感纽带上升为人与人之间的情感联结。"玩转奥利奥"将趣味传递分享给他人。2015 年 9 月，奥利奥携手凯络中国，再次"玩转奥利奥"，打造了一场"趣玩新花样"经典营销案例，其结合奥利奥五款不同玩法的新饼皮与媒体的热门广告资源，开展了一场互动创意广告的创新之旅。

一、市场洞察：儿童刻板与家庭场景的挑战

1. 品牌涨势遇瓶颈，儿童刻板成挑战

自 1996 年进入中国以来，奥利奥始终保持可观的增长态势，但在"玩转奥利奥"活动开启之前，奥利奥也遇到了瓶颈，虽然饼干依旧畅销，但是销量及品牌价值涨势却很平缓，其市场地位岌岌可危。

奥利奥经典的"扭，舔，泡"已经深入人心，但品牌不经意间在消费者心目中形成了"儿童品牌"的刻板印象，如何将一个人们耳熟能详的儿童品牌转变为一个全民品牌，号召全民玩转奥利奥，重新建立起奥利奥在中国市场的核心地位，这是奥利奥面临的最大挑战。

2. 年轻母亲为受众，家庭场景成重点

奥利奥将核心受众锁定在 6~12 岁孩子的妈妈们，将年轻人及有孩子的家庭群体确定为二级受众。她们生活在数字化的环境中，希望媒体能满足其多种需求，如浏览新闻、观看视频、社交、网购等。她们喜欢在社交媒体上发表情来表达自我，与朋友交流。

无论是核心受众还是二级受众，奥利奥始终将目光聚焦在家庭场景，尤其是有小孩的家庭。其一是因为奥利奥主打的分享"奥利奥"时刻，就是家人之间与朋友之间的温馨时刻；二是因为有小孩的家庭，对奥利奥会有关注基础，更容易由孩子上升到整个家庭，打造全民玩转奥利奥的趣味情境。

二、创意策略：五大媒介与五块饼皮的玩转

2015 年 8 月，奥利奥以五款全新的饼皮闪亮上市，每块饼皮上的图案都代表一种创意新玩法，旨在激励消费者在玩转五块带有不同含义的饼皮时，重新唤起消费者对奥利奥的喜爱。此次营销的核心策略是利用奥利奥饼皮的推陈出新，通过媒介最大化带动品牌互动，从而吸引更多消费者，扩大奥利奥品牌影响。

1. 五大媒介组合，主打移动社交平台

在瞬息万变的互联网营销时代，移动和社交成为互联网的主要平台。奥利奥的策略是在这两大主流平台上"玩转奥利奥，趣玩新花样"，让人与人之间的情感通过玩转不同的饼皮联结起来。

奥利奥利用五款全新上线的饼皮，同时赋予每种饼皮不同的趣味玩法，并搭配"社交＋电子读物＋美食＋旅行＋照片"的热门媒介组合，打造了一场互动创意广告创新之旅。

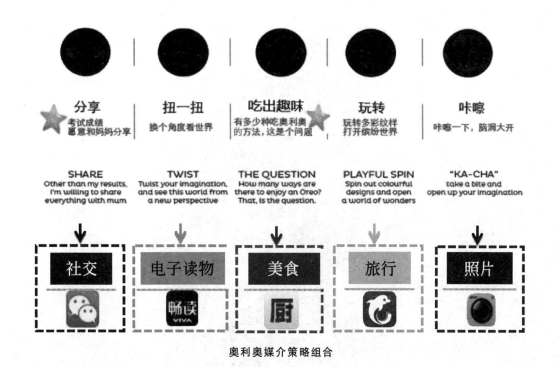

奥利奥媒介策略组合

3. 五块饼皮玩转，互动创意 3D 饼干

伴随五块饼皮的不同玩转方法，奥利奥选择了各个类别创意新潮的五款不同 APP，其中包括主打"分享"的社交 APP 微信、主打"扭一扭换个角度看世界"的电子读物 VIVA 畅读、主打"吃出趣味"的美食 APP 下厨房、主打"玩转多彩纹样、打开缤纷世界"的旅行 APP 携程以及主打"咔嚓一下、脑动大开"的 POCO 相机。

五款 APP 各对应一块饼皮图案，以互动创意广告的形式在移动 APP 平台上直接和消费者深入沟通，引导消费者订制专属于自己的奥利奥 3D 饼干模型。

三、计划执行:预热沟通与生态闭环的打造

1. 预热

谁来率先发声,为奥利奥吸引关注?

奥利奥首先利用五块饼皮对应的五款 APP 自媒体资源,在社交微信、微博平台发布印有媒体图标的定制版奥利奥 3D 饼干,同时,以资源互换的形式发动各大门户、社区、视频以及女性垂直网站免费发布软文造势,在初步展示创意的同时,利用大批量的软文引起目标消费者的兴趣,并赢得她们的好感。

在活动前期,奥利奥邀请了众多明星及 KOL 发布 3D 订制饼干,其中包括因家庭类综艺《爸爸回来了》走红的奥莉,还有经常活跃在各大秀场,代表年轻人时尚的大表姐刘雯。KOL 的造势引发网友讨论、关注以及好奇心，为"奥利奥花样表情自造工厂"活动埋下了伏笔。

2. 沟通

如何与消费者进行沟通，并使得消费者主动分享？

"奥利奥花样表情自造工厂"活动上线期间，品牌主以互动创意广告的形式在移动 APP 平台上直接和消费者深入沟通，引导消费者订制专属于自己的奥利奥 3D 饼干模型。如用户扭开"扭一扭"饼皮的同时，也开启了"换个角度看世界"的杂志类媒体 VIVA 的界面；在携程 APP 中开启"玩转世界"专题，通过转动不同的饼皮即可出现不同的目的地，玩转多彩纹样，打开缤纷世界；结合微信移动端摇一摇的功能，即可切换不同的花样表情。

消费者在完成 3D 饼干后，还可以将自己的专属模型分享给好友帮忙加油积赞。好友在被邀请参与活动时，品牌借助好友之间的传播进一步扩大了活动影响力，同时奥利奥也把"趣玩"的快乐体验带给好友，打通了人与人、人与媒体、人与品牌乃至人与社会的墙，实现了与消费者的进一步沟通。

3. 完善

在"奥利奥花样表情自造工厂"中,消费者可以选择五款饼干中的任意一款饼皮图案,拍照或者上传自己的照片合成个性化 3D 饼干。为让消费者获得更大的活动参与热情,奥利奥设置每天积赞排名前 50 的用户即可获得一枚限量版印有自己画像的实物奥利奥 3D 饼干模型,这既提高了消费者分享给好友的主动性,也为消费者创造了个性化品牌的完整体验,从而形成有效的品牌生态闭环。

四、营销效果:全民玩转与品牌目标的达成

1. 媒体触达,互动引全民玩转

在"奥利奥花样表情自造工厂"开启的短短 20 天内,活动总共获得了 11 亿多次的曝光,1 000多万次点击,其中互动参与数 86 万多次,互动参与率高达 18.72%,并在社交平台上获得了近 120万次的互动点评数,广告触达 50%的消费者,相当于每两个人当中就有一人看到过奥利奥广告,基本实现了活动前期"全民玩转"奥利奥的营销目标。

2. 品牌喜爱度、知名度双提升

媒体的高触达率不但收获了足够的关注,还为奥利奥带来了品牌喜爱度和品牌知名度的双提升。

通过此次营销活动,奥利奥的品牌喜爱度提升到 83.8%,即 83.8%看过广告的人对奥利奥的广告持有的态度是喜爱的,相比活动前上升 10%;除提升了消费者对品牌的喜爱程度,也触发了消费者对产品的购买欲,并从个人上升到家庭,以家庭场景为背景玩转奥利奥。具体来看,58.3%的用户表示看过广告后会想购买产品，45.2%的用户会推荐给朋友或家人，43.4%的用户会自发地想关注奥利奥官方微博或微信，品牌知名度的覆盖高达97.8%。

3. 活动折页书创吉尼斯纪录

除了品牌方面的营销效果，奥利奥还意外创造了世界纪录，收获了来自吉尼斯的惊喜。11月13日，吉尼斯授予奥利奥《花样表情 自造脸书》世界上"最大的折页书"荣誉称号。这本折页书从奥利奥"趣玩新花样"活动中收集到的10万多个网友自拍表情中精心挑选300个表情进行制作，摊开总面积超过60平方米，一举成为世界上"最大的折页书"。

奥利奥《花样表情 自造脸书》

（整理/程颖）

【电商营销】

- 广告主：小熊电器
- 媒体：电商平台、视频平台
- 代理机构：阿里妈妈
- 营销类型：电商营销
- 实施时间：2016 年 8 月
- 核心策略：在基于阿里数据，深层次洞察潜在客户人群之后，阿里妈妈为广告主打造了一场名为"燃点熊风，有养运动会"的主题营销活动。以小熊电器天猫"粉丝趴"为主会场，集结直播、互动、搜索和销售四个分会场，通过视频摇一摇互动、"宝宝熊起"等气泡词互动，引流粉丝趴的直播专场，并将粉丝趴上的流量最终引流到包括淘金币、天猫电器城和聚划算三大分销专场，以完成品牌和转化的双重提升。通过数据流通跟随营销进程形成闭环，指导品牌更科学地抵达目标受众。

品牌传播新玩法？小熊电器品销联合"有养运动会"

自 2006 年成立以来，作为创意小家电的领导品牌，小熊电器借助电商浪潮，贯彻"Inspired Life 妙想生活"理念，通过个性化的产品设计、丰富的产品线及成熟的营销模式，深入消费者认知，盘踞家电市场。光 2016 年淘宝"双 11"大战，小熊电器全网销量便超过 60 万台。针对小熊电器发展的成就，小熊电器品牌主管沙亚茹表示："小熊电器凭借的不仅是创新性的高品质产品，还有互联网时代创新性的营销思路。"

而在"双 11"之前，2016 年 8 月上新期间，小熊电器与阿里妈妈合作发起"燃点熊风，有养运动会"主题营销活动，展示了新电商营销趋势下品牌传播的新思路、新范式。

一、需求洞察：大数据与热点支撑，消费者与新品联结

新品上市期间，小熊电器品牌传播面临三"多"挑战：多新品、多分销、多人群。这向品牌提出了对应的三大问题，即如何统一沟通 10 大新品，实现最小成本与最大化营销？如何充分利用竞价资源集结经销商，减少内耗，迅速拉新？如何克服流量碎片化，沉淀品牌人群数据，指引后续营销？

1. 基于阿里数据，洞察潜客人群

充分发挥阿里全域、多维、动态、精准的大数据优势，小熊电器对潜客人群进行了准确描述，完善了人群的基本特征洞察与生活洞察。

通过人群洞察，品牌发现小熊电器的潜客人群集中在 18～34 岁的女性，以职场人士、经营者、学生为三大主力，并分散于一、二、三线的城市当中。这类群体既需要不断打拼加油，也希望摆脱多余的压力；通过生活洞察，品牌捕捉到消费者热爱运动的兴趣特征和喜爱拍照类 APP、热衷进行自我美化的心理状态。

2. 提炼新品共性，借势奥运热点

本次新品囊括料理杯、电炖锅、粉碎机等 7 类，虽功用各异，却逐级开启了从简单到专业料理的如意门，共同传递了"为健康加一点营养"的新品主张。基于这一共性，并借势同时期全球奥运热点，小熊电器提出了"有'养'运动会"的主题，希望在突出七大新品提供多元营养的同时，呼吁消费者一起玩转有氧运动；在传递"多一点营养，少一点负担"健康理念的同时，传达品牌的健康态度。

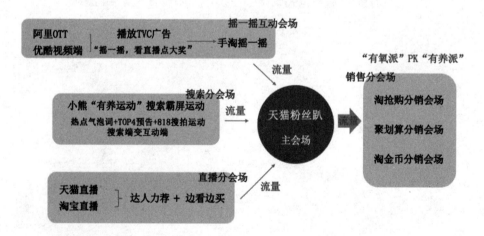

二、内容制定：打造五大会场，全面激活创意

此次"燃点熊风，有养运动会"营销活动以小熊电器天猫粉丝趴为主会场，集结直播、互动、搜索和销售四个分会场，通过视频摇一摇互动、"宝宝熊起"等气泡词互动，引流"粉丝趴"的直播专场，并将粉丝趴上的流量最终引流到包括淘金币、天猫电器城和聚划算3大分销专场，以完成品牌和转化的双重提升。

1. T2O 互动与两大直播引爆活动

活动引爆期间，小熊电器首先在阿里OTT与优酷视频端进行直播视频的预告投放，画面内容向观众发出"摇一摇，看直播赢大奖"的邀请，吸引观众打开手机淘宝客户端，通过摇一摇跳转到天猫粉丝趴主界面，观看"有养派 VS 有氧派"直播，由此实现线下向线上、TV端向移动端、站外向站内的流量引导。

与此同时，小熊电器紧抓网红与短视频的潮流趋势，发挥天猫直播与淘宝直播的平台资源，以生活化的播报主题、热度高的达人网红为爆点，趣味化的视频内容为呈现，打造"小熊有养运动会"系列直播，既拉近了品牌与消费者的距离，又实现了新品的多样曝光。

值得注意的是，用户在观看相关直播时，可通过边看边买的功能直接将视频中的单品加入购物车内，或跳转到粉丝趴、淘金币销售专场界面。实现创意内容与购买转化的一步到位，品销联合的思维在此阶段已初步体现。

2. 搜索活动与霸屏效应掀起高潮

如果说"视频端＋手淘摇一摇"的互动实现了用户由站外向站内的转化是流量积累的首发环节，那么小熊"有养运动"搜索运动则直接在站内掀起用户流量拦截的高潮。如何充分利用阿里妈妈的平台资源实现品牌全面曝光与用户的参与互动呢？小熊电器凭借气泡词、TOP4 预告搜索等品牌广告位，打造了一场818"搜拍"有养运动主题活动，实现品牌霸屏之旅。

基于用户购买行为与搜索行为，小熊电器首先买下搜索框下的热点气泡词展示位，以诙谐可爱的"宝宝熊起"一词吸引关注点击；同时，在搜索界面右侧的品牌精选 TOP4 展示位进行搜拍活动的步骤铺述与流程，进一步铺垫活动信息，锁住受众人群；而在 8 月 18 日当天 10～12 点，用户只需淘宝搜索"小熊养生壶"，便能出现带有相应"有""氧""运""动"字样的新品信息，此时只需要拍照或截图含有完整"有氧运动"字样的界面并进入粉丝趴晒图，便有机会获得一台小熊原汁机。

3. 粉丝趴沉淀内容流量助力分销

纵观上述搜索、直播、互动分会场的动作，都有共同目的，即向主会场粉丝趴引导用户流量。此时，如何将集结而来的内容流量进一步沉淀并分流转化，则成了品销合一的一大关键。

如何进一步沉淀流量，提升潜在价值？小熊电器将天猫粉丝趴作为流量大本营，打造了"有养派 VS 有氧派"直播活动，通过"打破陈腐规矩，谁说好身体就要动"和"大汗淋漓真热血，跑过跳过才叫燃烧过"两方观点的呈现，吸引用户为不同的健康理念站队，掀起有关健康"以静制动"还是"以动制动"的讨论。这一直播活动跳脱产品层面，以现代年轻人的运动观念为切入，激发用户的持续参与，在体现品牌关怀的同时增强用户黏着度与用户忠诚度。

如何充分拉动转化，合力提升销量？与直播活动互为补充，小熊电器在天猫粉丝趴开辟了包括淘抢购、聚划算、淘金币在内的三大销售分会场，为内容流量的变现开辟了多样出口。通过下拉页面，用户将依次看到"一元预定""前 300 名半价""淘金币速抢"等宣传字样，有利于从直播营造的感性思维走出，实现品牌好感的直接转化。且三大分销会场一齐发力，提供给用户更多优惠选择，优化了渠道资源的合理配置，实现了"1＋1＞2"的品牌效益。

三、传播执行：充分组合媒体，拉新与转化并行

优秀的品牌营销活动除创意内容的制定之外，也离不开媒体资源的创新应用。在与阿里妈妈的合作中，小熊电器配合营销思路，组合开发阿里平台的新媒体资源，推进媒体曝光、专区承接、精准投放与个性推送的应用进程，助力品牌拉新和分销合力营销。

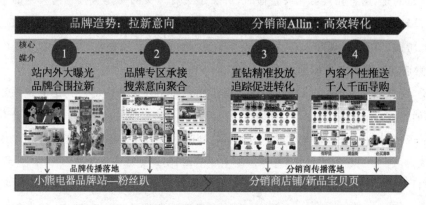

粉丝趴最终为销售商导流

1. 内外资源全面覆盖、集中曝光

"小熊有养运动会"集结了淘内外多种明星资源。在用户流量的沉积上，一方面，通过站外 OTT 与视频端，进行活动与品牌的曝光吸引；另一方面，利用阿里全域的营销资源，通过钻展占据热门广告位，提升传播力度；还有，通过一夜霸屏与品牌专区实现品牌的集中、连续、广泛露出，尽可能地覆盖用户与拦截流量。在用户资源的深耕上，一方面，阿里平台的直播栏目与粉丝趴会场

提供用户参与的多样渠道,增强用户的忠诚度;另一方面,三大分销会场直接承接前期进程,引导用户购买。

2. 三大搜索意向聚合、专区承接

品牌曝光之外,淘宝 PC 搜索、淘宝无线搜索、UC 神马搜索三大引擎也为小熊电器的此次活动创造更多的宣传展位。一方面,受众通过在淘宝搜索品牌词或品类扩展词,触发品牌专区在第一屏搜索栏下的首要位置进行展示。"品牌专区"位置占据首屏屏幕 30%,抢先冲击视觉(不止于大),品牌颜值脱颖而出,匹配品牌身份及调性,打造品牌官方阵地。另一方面,UC 搜索也为流量的站内外流通打造独特入口。由此三大搜索共同推动品牌专区的流量集结,为小熊活动主会场汇流。

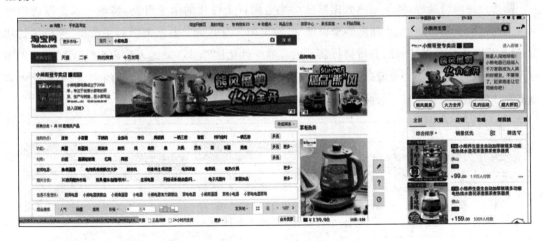

3. 直钻推荐精准定向、高效引流

凭借强大的平台优势、数据优势,在投放形式上,精准数据营销早已成为阿里妈妈的业务特征之一,在此次小熊电器案例中也表现突出。一方面,达磨盘数据管理平台通过连接商家数据、媒

体数据和消费数据，进行站点用户分析、渠道分析、人群分析，以帮助用户实现多维度用户定向，实现精准营销；另一方面，淘宝直通车使得买家主动搜索时在最优位置展示宝贝，并按点击收费；而智·钻进一步运用包括淘宝首页、内页频道页、门户、帮派、画报等多个淘宝站内广告位打破标签约束，锦囊多维度刻画直接选择 UV，由此实现用户精准定向与高效引流。

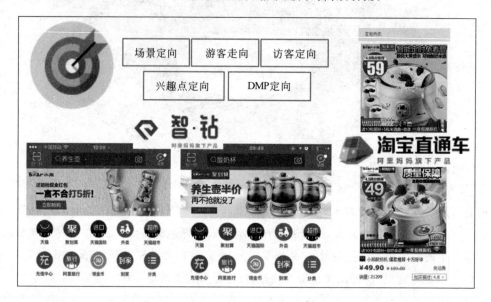

4. 内容导购个性订制，千人千面

除用户定向精准外，阿里妈妈数据赋能小熊电器以个性化的信息订制，实现千人千面的内容导购。在此次营销活动中，小熊电器全面调动"潮电街""有好货""爱逛街""必买清单"等板块的功用，通过后台用户数据的跟踪分析进行新品内容的个性化推荐，以"最诱人的内容"打动"最感兴趣的人"，大大提升转化率与资源效益。可见站内的诸多板块都能成为品牌推荐的主场，个性化内容与多媒体的灵活组合逐渐成为品牌方的最佳选择。

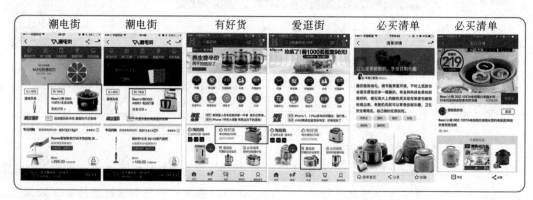

四、成果评估：品销高效合一，数据积淀获益

1. 品销合一传播新范式

此次营销活动之后，小熊电器的品牌力大幅提升，具体数据首先表现在总体曝光与总体点击量十分乐观；其次，粉丝自然增长迅猛、品牌专区搜索展示达 100 多万次，可见品牌活动深入人心；此外，销售力的提升同样喜人，搜索指数与成交指数一路飙升，成交额与 ROI 快速增长，可见此次活动对销量的直接拉动。

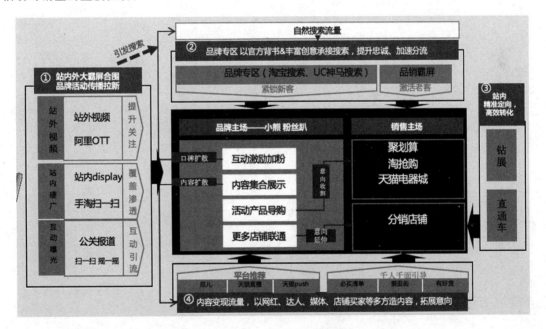

总览品牌传播历程，探索成功背后的原因：得益于小熊电器鲜明的品销合一思路。第一阶段，站内外大霸屏合围、品牌活动传播拉新；第二阶段，品牌专区以官方背书和丰富创意承接搜索，提升忠诚，加速分流；第三阶段，站内精准定向，促进高效转化；第四阶段，内容变现流量，以网红、达人、媒体、店铺、买家等多方制造内容，拓展意向。从最初的品牌曝光到流量累积，从精准定向到个性内容推荐，品牌建设与分销转化都相伴而行，收益颇丰。

2. 闭环数据营销新玩法

数据在品销合一传播中扮演着十分重要的角色，新电商营销赋予流量数据以很高的营销借鉴价值：如此次活动中一夜霸屏的点击人群便可以作为品牌兴趣人群的突出样本；品牌专区搜索的曝光人群可以作为品牌意向人群的样本代表；一夜霸屏＋OTT 到站人群可以作为品牌到站人群

的突出代表。

　　通过追踪本次活动中各类用户代表的信息特征、行为线索,品牌得以推导更广泛受众人群的基本属性、媒触偏好、搜索行为等讯息。如通过分析一夜霸屏点击人群,推导出小熊电器的兴趣人群以 18~24 岁的年轻女性为主,她们具有很高的网购潜力,热爱综艺和美拍,对美妆、服饰等商品购买欲望强烈;而通过传播活动不断完善的用户数据又将迅速并作品牌的策略土壤中去,指导品牌更科学地抵达目标受众、更高效地制订下一次的营销传播策略。至此,数据流通跟随营销进程形成闭环,并与品牌传播进行了紧密的结合,使数据营销的生机蓬勃焕发。

(整理/陈喆)

- 广告主：费雪
- 媒体：淘宝/天猫
- 代理机构：阿里妈妈
- 营销类型：电商营销类
- 实施时间：2016 年 7 月 22 日—2016 年 8 月 15 日
- 核心策略：此次营销活动费雪借力淘宝玩具类目品牌忠诚度有待提高、销量红海但却是品牌建设蓝海的"天时"，品牌专区首次广告位互动，天猫直播借力明星专家边看边买、超级品牌日强势承接转化的"地利"，妈妈们的晒娃分享热情和年轻妈妈对孩子每个成长时刻都有关注的"人和"，在"天时、地利、人和"的总体策略设计下，依照消费者行为链路进行营销布局，整合淘内淘外，线上、线下各类资源进行全网营销，以"天猫超级品牌日"为契机，通过活动预告和宣传，立体化提升费雪品牌，进而带动产品销售。

开拓玩具市场，费雪打造金牌活动

儿童一直是母婴类品牌方关注的重点人群，而玩具又是与儿童联系非常紧密的产品。随着中国家庭收入水平的不断提高以及二胎政策的开放，儿童玩具市场迎来了广阔的发展空间。在这块巨大的蛋糕面前，各家玩具厂商均想分得一杯羹，其中作为玩具行业三大品牌之一的美国儿童玩具制造商费雪，此次联合阿里巴巴集团旗下商业数字营销平台阿里妈妈，为自身品牌量身打造了一场费雪金牌宝宝活动。

一、市场洞察：渠道玩法透析，用户心理洞察

1. 商家层面：电商渠道拓展市场，玩法传统亟待突破

玩具行业的销售渠道主要有经销商、自建专营、专业零售店和量贩式大卖场等，其中，大部分企业采用经销商模式。近年来，随着电子商务的发展、网购时代的来临，电商渠道拓展市场开始成为品牌方玩具销售的重要选择。但是商家销售方式仍然备受局限，大多数商家仍是基于"买买买，送送送"的基调，玩法传统，很难造就足够的吸引点以及品牌辨识度。

2. 消费者层面：转化缺乏品牌忠诚，年轻妈妈观念变化

用户在购买的最终环节之前，并不只是进行单一品牌的搜索，他们往往都是搜索多个品牌，进行对比之后才作最后的决策。对于品牌方来说，如果能在消费者浏览过的众多品牌中脱颖而出，便向行业领导者的方向又进了一步。通过数据分析，发现玩具市场消费者的品牌忠诚度普遍不高，其中"费雪"搜索的购买转化率为18％，即在搜索过费雪品牌的消费者当中，仅有18％的人最终购买了费雪品牌的相关产品，相对来说，购买转化率较低。

用户最终购买了哪些品牌

搜索vs购买	品牌A	品牌B	品牌C	品牌D	品牌E	品牌F	品牌G	品牌H	品牌I	品牌J
品牌A	18.0%	6.1%	3.4%	3.3%	3.2%	3.2%	1.8%	1.7%	1.5%	1.5%
品牌B	4.9%	18.9%	2.7%	4.5%	4.8%	0.0%	0.6%	1.2%	1.3%	3.8%
品牌C	2.3%	3.1%	19.5%	2.3%	2.0%	0.0%	1.8%	0.7%	0.9%	0.8%
品牌D	2.5%	5.7%	2.1%	17.7%	4.0%	0.0%	0.8%	0.9%	1.0%	1.2%
品牌E	2.4%	4.0%	1.5%	2.7%	14.5%	0.0%	0.7%	0.6%	1.3%	3.1%
品牌F	8.2%	1.5%	0.9%	0.8%	1.9%	22.6%	4.0%	0.0%	0.0%	0.0%
品牌G	0.8%	0.5%	0.6%	0.0%	0.5%	0.5%	54.1%	0.0%	0.0%	0.0%
品牌H	3.5%	4.2%	1.9%	3.2%	2.2%	0.0%	0.7%	24.6%	1.1%	1.0%
品牌I	5.6%	7.3%	3.9%	6.7%	6.6%	1.1%	2.5%	2.0%	29.7%	1.0%
品牌J	3.1%	5.2%	1.5%	2.0%	5.3%	0.0%	0.0%	0.8%	0.0%	22.4%

（左侧纵向标注：用户搜索了哪些品牌）

*数值越大、流出比例越高，则数字背景色越深
*数值含义：在搜索过玩具品牌x并进行玩具购买的用户当中，购买了y品牌的人数占比；
　　　　　对角线的数据能够帮助客户看到品牌流失的比例，并与同类竞品作对比；
　　　　　行数据表示品牌流向的竞品和比例；
　　　　　列数据表示品牌截流竞品的比例。

（数据周期：2016Q2）

不同玩具类品牌的搜索购买转化率对比，其中品牌 A 为费雪

在费雪的消费者中，一个重要的群体——"新妈妈"群体越来越受到品牌方的关注，她们越来越年轻化，而且育儿观念相对于传统妈妈群体也产生了明显的变化，在"70后"妈妈眼中，孩子就是自己的世界，而在"80后""新"妈妈眼中，应该是关注孩子的每一个成长时刻，跟孩子共享世界。随着社交网络的发展，妈妈们基于对自己小孩以及家庭的热爱，"晒娃心理"愈发凸显。面对消费

者的变化，费雪的品牌诉求也进行了相关调整：用更多元化、年轻化、互动化的方式和消费者沟通，在销量爆发的同时，树立品牌理念。

二、创意策略：消费链路布局，育儿达人全网联合

1. 天时、地利、人和，消费链路布局

费雪在此次营销活动中借力淘宝玩具类目品牌忠诚度有待提高、销量红海但却是品牌建设蓝海的"天时"，通过品牌专区首次广告位互动，天猫直播借力明星边看边买、超级品牌日强势承接转化的"地利"，以及妈妈们的晒娃分享热情和年轻妈妈对孩子每个成长时刻都有关注的"人和"，在"天时、地利、人和"的总体策略设计下，依照消费者行为链路进行营销布局。

通过微博话题炒作、微信软文传播、外围 PR 造势、直播/QTV 平台预热进行全网、全媒体传播造势，引发关注，刺激搜索，引流至费雪首创的宝宝品牌专区，又通过 Mini site 活动，开展天猫直播边看边买、上传宝宝照片引发分享，再次刺激消费者主动搜索，形成营销闭环。

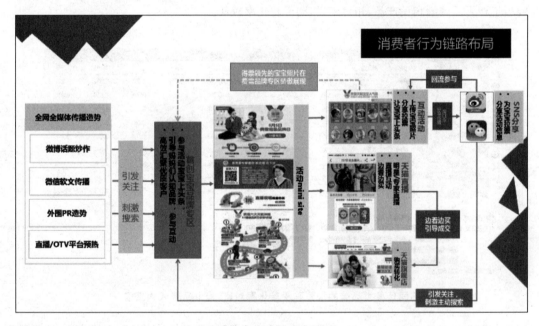

消费者行为链路布局

2. 明星专家直播，提升品牌形象

费雪联合昆凌和张思莱两位育儿达人，首次通过热门的直播平台与明星、专家互动合作，落地超级品牌日进行新品首发、事件营销，从而引发网友关注。

近年来，品牌选用明星做代言多半是盲目关注他们是否当红，而往往忽略了明星本身与自身品牌的形象是否相称，费雪此次营销活动选用了符合品牌调性的代言人——昆凌。周杰伦是年轻妈妈们青春岁月时的偶像，而昆凌自从嫁给周董（周杰伦），尤其是生下小周周以来更是自带话题属性。昆凌作为当时一位刚生完宝宝的母亲，和费雪的目标消费者十分吻合。此外，张思莱教授是深受众多爸爸、妈妈信赖的育儿专家，她的助力也为此次品牌提供了专业上的吸引力以及信赖点。

3. 全网营销整合，落地天猫推广

此次营销活动，费雪联合阿里妈妈整合淘内、淘外、线上、线下各类资源进行全网营销，以"天猫超级品牌日"为契机，通过活动预告和宣传，立体化提升费雪品牌，带动产品销售。

费雪顺应时代潮流，充分利用新媒体手段为销售造势。比如，通过微博话题炒作、微信软文营销、外围PR造势、直播/OTV平台预热、名人专家直播、边看边买等一系列活动引发关注，刺激搜索。在手机天猫开屏、PUSH、聚划算顶通、淘宝聚焦，进一步引流。紧握节奏感，把好营销脉，从预热到爆发再到延续，每个环节互动、资源、平台、促销紧密配合，使品牌营销更加鲜活。

三、案例执行：紧控活动节奏，预热解锁顺行

2016年7月22日—2016年7月26日，官方开启"金牌大使"招募活动，解锁第一人悬疑上线。官方发布金牌视频，引爆全民解锁；借助微博话题，抛出明星悬疑线索；天猫发布直播预告，为活动持续造势。

总体活动节奏

此外，淘宝、天猫还开设了宝宝品牌专区，妈妈们可在上面上传宝宝照片，并且分享拉票。费雪以帮助参与活动的宝宝上头条为噱头，引导妈妈们认知品牌，除了传播直播信息之外，也引导受众参与互动，最终高效汇聚优质客户，引导成交转化。

解锁一：昆凌直播，边看边买促销

2016年7月27日，昆凌变身金牌大使进行童心直播。多平台同步直播昆凌现身运动会的同时，天猫直播开启实时互动、边看边买的模式，直指销售环节。外围PR进行昆凌直播事件炒作，进一步扩大声势，同时在微博上开启相关话题，引导受众观看直播看点放送，进而扩大直播活动的影响范围。

昆凌直播相关报道

解锁二：红妈开箱，进行超级品牌预售

7月28日—8月1日，在微博发布"开箱解锁预告"相关的话题之后，官方开启了"费雪BOX"兑换活动，并借助红人妈妈的开箱解锁直播、相关事件炒作、微信段子引流等多渠道多形式，扩大活动媒体声量，进行超级品牌预售期传播。

解锁三：专家营销，引发全面热潮

8月2日—8月15日，在天猫超级品牌日活动期间，官方开启"金牌特训营"活动，张思莱教授化身金牌教练，在多平台进行直播。同时，借助微博♯超品特训营新玩法♯等话题及微信段子进行引流，依靠张思莱教授的专家影响力，在天猫直播平台同步实现边看、边买，实现超品活动扩散。后又从线上拓展到270家线下门店联动，打造O2O全渠道爆发，引发全面热潮。

路演画面

四、营 销 效 果

1. 媒体维度：各阶段巨大声量强势引流

此次营销，费雪借助阿里妈妈平台优势，深入洞察消费者妈妈的"狂晒"心理，首创宝宝品牌专区，最终宝宝品牌专区头条活动收集超过 1 000 张宝宝照片。据统计，有超过 3 万的独立 UV 关注活动并分享活动，在各个阶段费雪均收获了巨大的媒体声量。

在预热阶段，♯金牌天赋大赛♯跻身微博十大热门话题，微信 PV 超 40 万人次，视频播放超42 万人次，总体在淘宝外的曝光超过 2 000 万人次，为活动主页带来了大量的访客，其中超过1 000 位用户参与了活动，并不乏用户将活动通过微博与微信进行分享；在解锁一阶段，超 50 万消费者同时观看昆凌多平台同步直播，全媒体覆盖，总计获得 3 500 万人次媒体曝光、价值逾 300 万的免费媒体报道；在解锁二阶段，"妈妈直播拆箱"超过 52 万次红人传播，获点赞 36 万次，得到了超过 6 000 万人次的媒体曝光；在解锁三阶段，天猫开屏与 Push、淘宝首焦与聚划算顶通，这四项天猫资源强势引流，和育儿专家直播双向突进，总 UV 达到 46 万，成交量创历史纪录。

2. 市场维度：消费者高度参与主动搜索

活动期间，费雪关键词的百度指数在较之平时有了较为明显的提升，尤其是在 7 月 27 日昆凌直播活动开启，以及 8 月 5 日天猫超级品牌日当天，提升幅度最为显著。在阿里妈妈的助力下，费雪凭借亲民的互动页面、清晰的活动流程、强效的执行过程，繁而不乱地把控整体活动的各个细节，提高了用户的活动参与度，也成功地赢得了消费者群体对品牌本身的关注度，使得费雪在国内众多玩具厂商中脱颖而出，为费雪最后的销售额增长提供了可能。

3. 营销维度：品牌方多种方式品效合一

在品牌方面，利用昆凌代言增强品牌的时尚感，育儿专家直播提升品牌的专业度，洞察消费者心理，为年轻妈妈提供平台"晒宝宝"上头条，提升了消费者对品牌的好感度；在营销效果方面，紧握节奏感，获取消费者足够关注的同时，也借势天猫超级品牌日，利用天猫直播平台边看边买、上传照片获取优惠券等方式实现了销售的转化，创造了同期全网营销的第一名。通过此次宝宝金牌活动，费雪达成了与消费者沟通的目的，实现了品效合一，同时也巩固了品牌自身在玩具行业的地位，迎来了业务新的增长点。

（整理/程颖）

- 广告主：慕思
- 媒体：淘宝、天猫、阿里云 OTT
- 代理机构：阿里妈妈
- 营销类型：电商营销类
- 实施时间：2016 年 6 月 7 日—2016 年 6 月 18 日
- 核心策略：慕思借力阿里妈妈数据资源的优势，同步联合淘宝、天猫、阿里云 OTT 平台，在 2016 年 6 月 7 日—2016 年 6 月 18 日期间，线上、线下联动超过 2 300 多家门店打造"慕思除螨日"，以打造节日的方式，号召全民行动起来，共同将无形的健康威胁变成有形的专属体验。慕思全球联动，以"打造没螨生活"为口号，号召消费者行动起来，引发受众关注，进而进行品牌强塑。

慕思全球联动，打造无"螨"生活

随着生活水平的提高，人们对生活质量也更为看重。在生活质量中，睡眠质量也成为人们日益关注的话题。需求造就市场，市面上围绕"睡眠"研发的相关产品层出不穷，在这个细小却蕴藏着巨大商机的领域里，一些企业已经开始有所动作，其中就包括成立于 2004 年的慕思寝室用品有限公司。

慕思定位为全球健康睡眠资源整合者，专业致力于人体健康睡眠研究，从事整套健康睡眠系统的研发、生产及营销。2016 年 6 月，慕思联合阿里妈妈，打造了一场为期 12 天的慕思除螨日 O2O 整合营销活动。

一、市场洞察：亲密接触关注空白，成就品牌机会

世界上与人类亲密接触时间最长的家庭用品是什么？在许多人的回答里，"床"成了这个问题的首选答案。的确，床作为人类休息睡眠的场所，自然少不了与人类的亲密接触，而在现实生活中人类有三分之一的时间在床上度过，孩童和老年时期则会更长。既然床与人类的关系如此密切，是不是就意味着人们对床垫的挑选十分小心而谨慎呢？答案是肯定的，但也是否定的。

肯定的是，人们为了自身睡眠的舒适，确实会在挑选床垫时慎之又慎，人们对床垫本身的软硬舒适度十分关注，同时床垫的性价比也是人们关注的重要因素；但否定的是，事实上人们在床垫的选择上还不够小心谨慎，个中间题就在于人们只将关注点放在床垫的软硬舒适度和性价比上，却很少有人在意，甚至很少有人知道床垫上存在着健康睡眠的隐形杀手——螨虫。

消费者的关注空白看似是品牌方的挑战，但换个角度思考，这也是品牌方巨大的机会，一旦给消费者树立起健康睡眠的新观念，并在人群间形成一股潮流趋势，势必会给品牌方带来新的业务增长。

二、营销策略：全域资源支撑，线上线下联动

慕思借力阿里妈妈数据资源的优势，同步联合淘宝、天猫、阿里云OTT平台，在2016年6月7日至6月18日期间，线上线下联动超2 300多家门店打造"慕思除螨日"，以打造节日的方式号召全民行动起来，共同将无形的健康威胁变成有形的专属体验。

在营销过程中，慕思全球联动，以"打造没螨生活"为口号，号召消费者行动起来。其中"没螨"二字谐音"美满"，既传达了产品基本的作用——消除螨虫，同时，由于购买床垫的多为家庭场景中的"爸爸妈妈"，"美满"也迎合了受众追求美满生活的心理，与品牌绑定了良好的愿景。

营销策略包括三方面：一是6·18前夕造势，全面覆盖目标受众，引发潜在客户关注，进行销售蓄能；二是整合联动线上线下营销资源，跨平台互通高效引流，进行传播贯通；三是向社会大众普及螨虫的危害，打造健康、舒适的睡眠环境，进行品牌强塑。

三、营销执行：认、兴、体、购四个阶段，有序执行

慕思借助阿里妈妈平台的大数据优势，全链路指引追踪营销，通过"认知—兴趣—体验—购

买"四个阶段,将案例落地执行。

案例执行总体节奏

1. 认知阶段:阿里 OTT 全民警示

通过对前期的市场洞察,发现消费者并没有意识到螨虫的危害,而如果想要对产品进行购买,就需要让消费者对产品产生需求,这个需求就是基于消费者对螨虫危害的警觉。

如何让消费者认识到螨虫的危害?慕思选择了"警示式"漫画视频广告的方式。以生动的漫画形象、有趣的故事串联,揭露螨虫对人类隐藏的危害,引燃百万家庭的好奇与关注。

在哪里向消费者传达螨虫的危害?阿里妈妈借助阿里旗下的阿里 OTT 平台,播放"警示性"视频广告。由于慕思产品的使用场景是家庭,故选择紧贴新生代家庭大屏娱乐场景 OTT,在使用场景中向目标消费者传达信息,使消费者更容易接受。

"警示式"漫画视频广告画面

2. 兴趣阶段:手淘 T2O 沟通连接

警示告知之后,如何与品牌进行连接?慕思认知阶段的"警示式"漫画视频广告下方注有"打开手机淘宝直接摇,赢慕思神秘大奖"字样,通过手机淘宝,应用摇一摇互动技术,连接品牌与娱乐资源,将用户引流至"慕思除螨日"界面,实现客厅营销的电视端到购买的打通。

由"螨虫的危害"到"除螨的必要性"，因果关系十分明晰，且符合一般消费者的认知逻辑，在认知阶段的铺垫下，"慕思除螨日"的出现自然而又不突兀，在触动消费者的痛点之后，与消费者的沟通更具时效性。

手淘摇一摇连接品牌画面

3. 体验阶段：高德 O2O 定位导航

如何为消费者提供体验服务？在利用大屏——OTT 进行邀请参与后，慕思又打造了一场床垫微空间游戏互动，利用小屏——手机延伸场景，游戏中还会为消费者提供一定的优惠，进一步增大消费者的参与热情。

如何将消费者引流至体验服务？通过 LBS 实时定位高德地图导航，将用户指引至附近最近的门店。进入体验场所之后，还可以通过扫码获得专属优惠，最终完成线上到线下的升级体验。

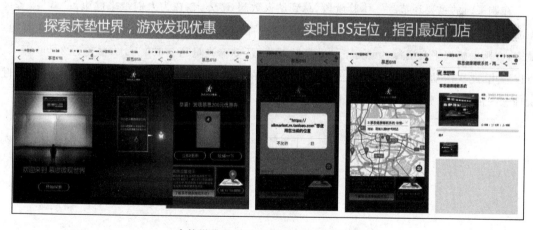

床垫微空间游戏及高德职能引流画面

4. 购买阶段：四屏联动定制服务

如何使消费者到达最后的购买阶段？在通过一夜霸屏强势覆盖后，慕思四屏联动，整合淘内淘外资源。线上，引导消费者线上参与众筹，购买除螨床垫；线下，为消费者提供定制上门服务，引流转化的同时，也为品牌本身塑造了服务贴心、态度良好的亲民形象。

四屏联动概念图

四、营销效果：蓄能传播塑造品形，健康理念得以传递

通过阿里OTT平台的传播，"警示式"漫画视频广告曝光PV1 000万＋，覆盖400万家庭。紧贴家庭场景的营销终端为品牌带来了大范围、高水准的媒介触达，在全面覆盖目标受众的同时，也引发了潜在用户的关注，为销售转换积蓄了大量的能量。

在购买前的重要环节——体验阶段，总到站人数超87万人，在为人们带来健康没"螨"服务体验的同时，由良好的体验服务将用户转换为品牌产品的消费者，为下一步购买提供前期的蓄力。最终，在阿里妈妈平台资源的助力下，"慕斯除螨日"活动曝光量超5 600万次，覆盖近2 200万人。可以看出，此次活动慕思成功地将"健康除螨理念"在万千家庭中广为传递，品牌的形象也随着健康理念的传达而得到了进一步的提升。

（整理/程颖）

- 广告主：SK-Ⅱ
- 媒体：社交平台、电商平台
- 营销类型：电商营销类
- 实施时间：2016 年 3 月
- 核心策略：基于对品牌挑战的剖析，实现用户的精准定向、内容的精准投放、数据的全面贯通等越来越成为 SK-Ⅱ 营销升级的重点，"京腾计划"便在此契机下诞生，呈现出"打通数据闭环，创新内容入口"的鲜明思路。在"京腾计划"的协助下，SK-Ⅱ 建立了品牌建设与商业交易的创新模式生意平台。一方面，打通社交数据和购物数据，创建立体社交电商营销闭环；另一方面，通过构建闭环的购物流程，为消费者打造愉快、便捷的消费体验。二者通力合作，共同助力提升品牌形象。

让社交与电商并驾齐驱

——SK-Ⅱ数字营销创新

随着新兴消费群体的崛起,用户的需求、购买行为等皆发生变化,并呈现出个性化、碎片化、社交化的趋势,社交互动成为他们的生活方式,电商购物也成为他们的购买习惯。那么,如何联动社交与电商平台,构造营销闭环成为品牌主数字营销的策划重心呢?

2015年10月,京东与腾讯牵手推出的"京腾计划"就是希望探索"社交+电商"会产生多大的可能性和想象空间。"京腾计划"包括"精准画像""多维场景""品质体验"等在内的营销解决方案,集合双方优势资源,特别是通过数据共享共同为品牌主开发市场。

那么京东的电商数据与腾讯的社交数据是如何实现深度共享的呢?"京腾计划"又是如何助力品牌主实现数字营销的品效合一呢?"京腾计划"与SK-Ⅱ合作的全网营销案例便能让我们一探究竟。

一、品牌困境：社交广告个性化不足，电商导流存在断层

2015年年初，SK-Ⅱ发起迄今为止最大的全球性品牌活动——♯改写命运♯，致力于鼓励并帮助中国及全世界女性勇敢选择，改写命运。在与"京腾计划"合作前，SK-Ⅱ"改变命运"品牌活动面临的营销挑战主要来自以下两方面。

1. 用户数据缺失，广告创意单调

一方面，仅基于社交标签，SK-Ⅱ的目标用户识别存在大量数据缺失。这既损伤了目标用户识别的准确性，也影响社交广告的人群投放，使得精准定向的颗粒度差强人意，并一定程度上阻碍了电商的有效转化。

另一方面，由于缺乏基于精准用户画像导入的广告创意，SK-Ⅱ的社交广告投放不能很好地实现个性化创意，使得品牌传播命题单一化。在此前的传播中，围绕"改变命运"的品牌主张以及代言人霍建华，SK-Ⅱ在社交平台中的传播话题引申为♯SK-Ⅱ改写命运♯ ♯SK-Ⅱ改写命运，男神女神命运说♯♯SK-Ⅱ改写命运超越完美CC霜♯等都只限于品牌主张内，没有对不同用户群体进行个性化创意的投放。

2. 社交、电商各自为政，商业闭环尚未形成

SK-Ⅱ的社交广告投放未能较好地实现到电商转化的闭环，社交广告与电商运营脱离。具体表现为，电子商务平台的广告创意并没有跟随社交广告的主题"改变命运"，仍旧只注重凸显产品功能特色。社交化传播与电商广告各自为政，消费者很难在社交场景中购买，使得整个营销无法构建紧密的商业闭环。

二、核心策略：打通数据闭环，创新内容入口

基于对品牌挑战的剖析，实现用户的精准定向、内容的精准投放、数据的全面贯通等越来越成为SK-Ⅱ营销升级的重点，"京腾计划"便在此契机下诞生，呈现出"打通数据闭环，创新内容入口"的鲜明思路。

在"京腾计划"的协助下，SK-Ⅱ建立了品牌建设与商业交易的创新模式生意平台。一方面，通过打通社交数据和购物数据，创建立体社交电商营销闭环，从而提升投资回报率，助力销售更高效地转化；另一方面，通过构建闭环的购物流程，有利于为消费者打造愉快、便捷的消费体验，而对用户定向投放的广告创意，则创新了广告内容入口，二者共同助力提升品牌形象。

三、执行思路：双平台数据打通，多渠道用户触达

落实到执行层面，SK-Ⅱ"京腾计划"围绕数据融合、个性化广告创意以及电子商务生态系统三方面展开。数据方面，通过将京东电商数据与腾讯社交数据的融合，促进销售转化的最大化；内容层面，基于受众消费行为和生活方式，定制呈现个性化创意；渠道方面，着力体验融合，由微信和手机 QQ 社会化平台传播分享，并与京东专卖店销售、购买无缝衔接。

1. 京腾数据赋能，精准定位潜客

在此营销策略中，京腾的数据能力是亮点与优势，它在对目标受众进行具体分析的同时，亦致力挖掘潜在客户。

一方面，京腾数据的标签多样化，可提供用户属性、用户偏好、广告偏好、行为轨迹，对接广告主 CRM 等购物标签，以及人口属性、用户行为、用户环境、生活状态、兴趣爱好、媒体环境等社交标签。多维的社交标签助力 SK-Ⅱ 立体了解客户，购物标签则可精准锁定目标营销用户。

另一方面，京腾数据采用 lookalike 人群扩散算法对种子用户分析，基于种子用户画像和关系链条挖掘相似用户，从而扩大受众。通过用户群扩散，解决高质量人群覆盖率低的营销困境，寻找潜客。

在利用数据进行人群扩散计算的过程中，京腾也有两种方案：一种是利用 PU-Learning，通过对种子用户的机器学习构造模型寻找类似用户，另一种则是基于社交网站的标签传播，透过用户关系网寻找潜在客户。

京腾数据为 SK-Ⅱ 量身定制目标用户的挖掘，最终找到三大类目标人群。

第一类是 SK-Ⅱ 既有及潜在用户，是基于京东过去 12 个月在 SK-Ⅱ 任意产品下单的用户，根据 Lookalike 算法扩展出潜在的新用户，并且包含了 SK-Ⅱ 自营店开店之前已下单的用户。

第二类是 SK-Ⅱ 品牌互动用户，这类人群或是关注了 SK-Ⅱ 公众号，或是参与过 SK-Ⅱ 过往微信广告的点赞、评论以及转发，并且已对用户群基于 Lookalike 算法进行拓展。

第三类是代言人霍建华的粉丝，京腾数据根据 QQ 群标题、QQ 音乐、QQ 视频标题的语义挖掘和交叉验证，把在多个用户场景中关注霍建华相关信息的用户标记为霍建华粉丝。

2. 个性化创意定向投放，差异化入口达成闭环

落实到创意内容的定向投放，SK-Ⅱ 针对三类不同维度的人群分别选取了三种不同的投放渠道，并围绕代言人霍建华进行不同广告内容的呈现，以打造差异化的用户体验。

在微信朋友圈广告中，SK-Ⅱ 借助精致的图片与高质量视频吸引用户眼球，促使他们点击、分享及进行自媒体式传播。

针对 SK-Ⅱ品牌互动用户和霍建华粉丝这两类人群,SK-Ⅱ为用户推荐 SK-Ⅱ品牌登录页,页面内置入 SK-Ⅱ微信公众号二维码、提示语"关注 SK-Ⅱ官微,甄享 3 月会员节礼遇"吸引用户关注,落地微信公众号闭环拉粉。而针对 SK-Ⅱ既有及潜在用户,则推荐京东 SK-Ⅱ商品购买页,落地微信京东购物,直接到达 SK-Ⅱ商品详情页,实现微信闭环下单。

在手机 QQ 信息流广告中,SK-Ⅱ首次在手机 QQ 中实现明星微动广告。针对三种用户群,SK-Ⅱ投放了三组不同的微动广告素材,包括霍建华眨眼、翻书以及室外,利用比图片更传神的动态表现形式,让用户感受到品牌的魅力。SK-Ⅱ具有创意的 QQ 微动广告大大提高了用户点击、参与的兴趣,同时,点击广告便可引流至京东 SK-Ⅱ商品购买页面,实现闭环。

而有关公众号 Banner 的广告投放,SK-Ⅱ更针对品牌特定产品,推出了 4 组以樱花为主题的创意广告。此个性化创意广告主要面向 SK-Ⅱ既有及潜在用户投放,点击广告,最终可引流至京东 SK-Ⅱ商品购买页面,同样达到营销闭环。

综上所述,围绕朋友圈与手机 QQ,SK-Ⅱ在京腾的助力下运行了三组广告,达成了个性化创意广告定向投放,着力实现了千人千面的营销目标。

四、效果评估：更创新地抵达，更高效地转化

SK-Ⅱ此次广告投放只进行了短短两天，但效果却较为显著。

CPM远低于行业平均值，在新用户引入方面，营销活动期间，1天内吸引的新用户数相当于品牌过去两个月新增粉丝量之和。产品销量方面，活动期间，SK-Ⅱ在京东微信端一天的销售量是往常的5～6倍。

借助"京腾计划"，SK-Ⅱ通过对受众的数据分析，挖掘用户心理，实现个性化创意投放，同时发掘并触达了潜在客户群体，最终提升了品牌粉丝的关注度与忠诚度。除此以外，SK-Ⅱ通过广告来诠释品牌格调和产品特质，借由腾讯社交平台的传播分享，以及京东电商专卖店购买的无缝衔接，达到营销闭环，为目标人群提供了便捷的电商新体验，促进了销售的转化。

（整理/周晓琳）

【社交营销】

- 广告主：肯德基
- 媒体：社交媒体
- 营销类型：社交营销
- 实施时间：2016 年
- 核心策略：以"微博、微信"双微为首，多种社交平台共同发力，是肯德基打造的社交营销布局。其中，在新浪微博布局 ID 群开展微博公关，组织主题活动，发起实时话题讨论，进行公益活动塑造，将活动主体放在新浪微博，内容详细、完整，重点在于引发网友的讨论；而微信重点作用在于引流，利用公众号推文、朋友圈广告推广、肯德基系列表情包等形式将微信打造成一个信息引流的渠道，链接直通官网或旗舰店；在其他社交平台上，肯德基也"对症下药"，进行了有针对性的布局。

肯德基如何做社交营销？
从 Paid Media 到 Owned Media

社交时代，如何利用不同的社会化媒体平台，并且有针对性地输出自己的品牌策略，这是留给品牌方的一道难题，但这道难题一旦突破或小有思路，带给品牌方的将是社交营销战役中战略性的指导。意识到时代的潮流之后，肯德基也一直致力于在社交方面的营销，并打造了以双微为首、多种社交平台共同发力的社交平台布局。

一、多重挑战，如何更好地与消费者沟通？

肯德基以家庭成员为主要目标消费者，推广的重点是较容易接受外来文化、新鲜事物的青年人，他们的年龄以 16～25 岁为主，喜欢西式快餐轻快的就餐气氛。但是自进入中国以来，品牌方处在水土不服、产品种类少、不良事件影响的重重挑战之下。如何解决上述问题，大规模吸引其他年龄层的消费群体？如何向既有的年轻消费者更直观地传达新品信息，为品牌造势从而带动销售？这是品牌方希望通过社交营销实现的品牌诉求。

从 Paid Media 付费媒介到 Owned Media 自有媒介，打造品牌自身的流量入口。以"微博、微信"双微为首，多种社交平台共同发力，这是肯德基打造的社交营销布局。

其中，在新浪微博布局 ID 群开展微博公关，组织主题活动，发起实时话题讨论，进行公益活动塑造，将活动主体放在新浪微博，内容详细、完整，重点在于引发网友的讨论；而微信的重点作用在于引流，利用公众号推文、朋友圈广告推广、肯德基系列表情包等形式将微信打造成一个信息引流的渠道，链接直通官网或旗舰店；在其他社交平台上，肯德基也"对症下药"，进行了有针对性的布局。

二、社交全平台操作，差异化沟通

（一）微博平台：开展活动，引发讨论

1. 因人而异布局 ID 群

肯德基在微博的账号布局上下足功夫。官方注册的 ID 有：肯德基、肯德基三人篮球赛、肯德基对话"90 后"等。其中"肯德基"账号截至 2017 年 7 月，已经拥有 144 万粉丝。

肯德基几个账号覆盖的目标用户有所差异，微博内容也不大相同。其中"肯德基"大号主要发布企业最新的产品、活动动态；"肯德基三人篮球赛"作为肯德基历年举行的一次活动，多发布体育资讯；"肯德基对话'90 后'"定位于与年轻人沟通的平台，用公益信息在年轻人群中树立口碑。

2. 微博公关摆脱冷漠症

微博时代的来临不可避免地改变政府、机构、企业和个人面临的舆论状态。积极利用微博与公众沟通，采取一系列措施使企业转危为安，并维护企业形象，已经是企业形象塑造的重中之重。然而这家跨国公司，最初在社交网站上的本土与亲民远远没有实体门店灵活。肯德基大号只用于发布活动动态，对用户在微博上的负反馈却反应冷漠，看不到它在微博上处理公共危机的实证。

　　肯德基的"微博冷漠症"，前科可以追溯到 2010 年的"秒杀门"。2010 年 4 月，肯德基中国公司推出 3 轮秒杀活动，64 元的外带全家桶只要 32 元，但当消费者拿着大量优惠券前往门店时，却被肯德基单方面宣布无效。而当天微博上对这次事件口诛笔伐的同时，肯德基的微博上丝毫没有提及此事，虽然同期也在发微博，但内容与它同期遭遇的公关危机严重脱节。

　　在此之后，肯德基也意识到了问题的严重性，几次鸡原料出现问题后，都利用微博公关给出即时的回应。摆脱了高冷的形象，取得了一定的效果和口碑。

肯德基微博公关截图

3. 主题活动造势再引流

肯德基微博会举办新的主题活动引发话题讨论，大体分为两种。

一是通过活动将线上用户引流到线下店面。如之前打造的"♯我为我发声♯晒出你与红杯合影，赢春春亲笔签名照""♯肯德基 K-MUSIC♯在某天的某一段时间，来肯德基餐厅，抢先听新歌"等多项活动，并以"拍照片＋加话题＋@肯德基＋抽奖"的方式，引导受众进行二次传播。

二是通过大型活动造势，拉动线上销售，再引流到线下体验。以♯肯德基奇葩直播盛典♯为例，2016 年 9 月 6 日肯德基会员官方旗舰店正式开店，邀请了奇葩说当红辩手马薇薇、姜思达、肖骁、颜如晶化身奇葩买手，开启肯德基会员官方旗舰店预售活动。联合天猫、优酷、微博 3 个大流量直播平台，开启了一场"奇葩"的直播，并通过疯狂的福利发放，为肯德基会员官方旗舰店入驻天猫，赚足声量。肯德基对目前盛行的直播互动也有新颖的理念：通过丰富的互动方式，深入消费者与品牌互动，实现品效合一在直播当中花式导购，网红艺人同场 PK、桥段演绎、互动问答、超给力的福利发放，开创了"直播＋综艺导购"的直播新模式。线上支付购买，引流至线下餐厅消费体验让消费者乐在其中，攻克了常规直播只有互动性，而忽略导流销售的短板。

♯肯德基奇葩直播盛典

♯微博活动截图

4. 实时话题反应接地气

肯德基在微博上就时事热点、主题节日等话题进行快速反应并引发网友讨论，使肯德基更加"接地气""有人情味"，迎合了网友的心理，提高了消费者的品牌忠诚度。

5. 热点人物塑造公益性

肯德基通过邀请热点人物拍摄公益短片，获取关注的同时也在积极打造自身的公益形象。如邀请奥运首金张梦雪挑战"玉米田弹弓王"，赚得噱头的同时也为肯德基塑造了一个良好的品牌形象。

肯德基公益短片截图

（二）微信：信息引流，直指销售

1. 公众号推文引流订餐体验

主号功能有活动告知引流、线上订餐、社交支付体验三大功能。在活动告知引流方面，微信推文与微博不同之处在于其目的并非引发热门话题讨论，而是通过文末广告、链接、二维码将用户直接引流到官方 APP、官网或直接引流到附近门店，更加直接有效地将流量变现。并且，还会利用 H5 界面进行交互式营销，通过创意趣味的图片文字、简单易玩的游戏活动以及精美的 H5 设计为肯德基公众号改变以往重营销、轻展示的形象，让公众号除了优惠外，展示更显得设计感与亲和力的一体化。

在网上订餐方面，全国 30 多个城市超过 2 300 家餐厅均可以享受微信手机自助点餐，微信成为了肯德基移动互联网销售的阵地。相较于官网订餐，在手机上用微信订餐更加便捷，优惠券也更容易转化为客流量。

在社交支付方面，肯德基联合微信支付于 2016 年 3 月 7 日至 3 月 13 日推出"女王节 38 元减 8

元，就要吃个痛快"的专属福利，优惠限量125万份，届时消费者在肯德基门店使用微信支付，即可享受优惠。同时，凡在肯德基门店成功使用微信支付即可获得5元电子代金券，更可将福利分享给最多4位好友，在微信体系内闭环的社交支付体验，以"可裂变式代金券"的方式让每一次支付都成为下一单交易的起点，不仅给顾客带来了优惠，也为餐厅带来新的客流增长点。

2. 朋友圈广告推广评论互动

微信与微博相比，它相对封闭的形态决定了它无法形成大规模的用户与用户之间的话题评论热潮。因此，肯德基通过朋友圈的广告推广，宣传它的大型主题活动，形成朋友圈内的评论互动，从而达到良好的效果。

3. 表情包爷爷融合社交场景

肯德基洞察到表情包在微信上的重要地位，故推出肯德基爷爷系列表情包，可爱呆萌的形象迎合了用户的口味，借助社交场景的使用，肯德基爷爷收获一众表情包粉丝的同时也收获了用户对品牌的喜爱。

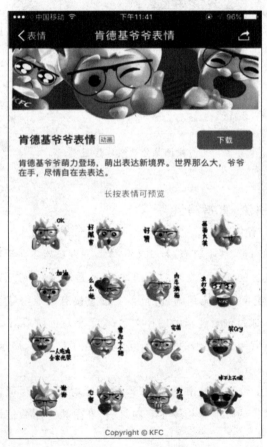

肯德基爷爷表情包

（三）其他补充：全面布局，多方助力

1. 以情感为基调，线上线下循环传播——豆瓣网

豆瓣因其用户是极具文艺小清新气质并且对商业广告极为抵触的群体，不但自身并无大刀阔斧的商业化动作，而且对合作广告的气质也要求极高。在这个平台上，肯德基的活动也是相当的"文艺范儿"。具体策略是以情感牌为基调，在豆瓣上整合豆瓣电台、品牌小站、同城活动平台等优势资源开展"线上—线下—线上"的循环传播模式活动。

肯德基在豆瓣建有名为"浪漫音缘，闪约派对"的小站，并在 2011 年 2 月 14 日情人节当天推出过活动，召唤豆瓣网友们在这天前往中国大陆任意一家肯德基门店，用手机播放指定情歌，制造约会机会。豆友们对这活动纷纷表示了好感。而参加派对的豆友们将活动照片传回小站活动相册，又形成了二次传播。

小站活动图片

2. 以产品为基础，视频分享熟人社交——YouTube＆Facebook

肯德基通过跨界营销，以制造话题、交叉购买相关产品等方式增加与客户的频繁交往，与大众进行互动，建立品牌社群。而奇葩产品的出现更是借助视频分享与熟人社交平台在短期内极大地吸引了受众和媒体的注意力，给品牌营销及推广带来了强大的推动力。如肯德基 2016 年推出的炸鸡味的防晒霜，短短一天时间，其投放在 YouTube 上的宣传片已经刷出了 20 万次点击；还有在 Facebook 上宣传的"点指回味"可食用指甲油，同样以点赞数 2 000＋的成绩达到了吸引眼球的目的。

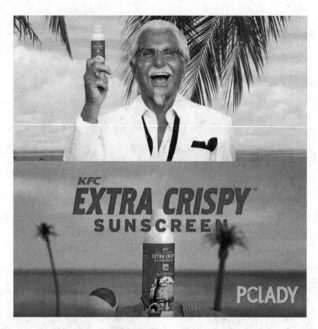

肯德基炸鸡味防晒霜

肯德基可食用指甲油

三、传播效果显著，全、准、狠玩转社交

（一）社交渠道形式"全"

纵观肯德基整个社交平台的布局，必是"全"字当头。其中肯德基的国内线上营销覆盖了微信、微博、豆瓣等主要社交平台，渠道可谓全面。此外，肯德基运用了主题活动营销、微信、微博粉丝互动营销、大型活动造势营销、话题营销、热点借势营销、形象公关等多种活动形式，又谓之形式全面。

（二）平台人群功能"准"

所谓"准"，体现在平台、人群、功能三大方面。在平台方面，对准各大平台用户特性大面积圈粉，平台投放准确；在人群方面，建立大量地方微信营销号，对各个地方定制化对待，定位准确；在功能方面，对现阶段可用的营销手段几乎进行了全面跟进的同时，对准每项手段的各自特性讨好用户，使用准确。

（三）营销方式效果"狠"

采用高频率、高密度、高强度的营销方式"狠"抓热点、不断制造营销活动与粉丝互动，提高曝光率，始终活跃在公众视野中。

最终，"狠"的营销方式创造了"狠"的营销效果。通过社交平台的发力，肯德基的销售额显著拉动，与消费者形成良好互动的同时，也树立了其热心公益、极具社会责任感的品牌形象，增强了肯德基在中国市场的影响力。

（整理/程颖）

【视频营销】

- 广告主：爱钱进(北京)信息科技有限公司
- 媒体：爱奇艺、社交平台
- 代理机构：智威汤逊北京
- 营销类型：视频植入营销类
- 实施时间：2016 年 6 月
- 核心策略："爱钱进"借势《老九门》大 IP 热点，并结合自身平台庞大的用户基础，通过超强的曝光量进一步提升爱钱进品牌的认知度和喜好度。随着《老九门》在爱奇艺的热播，爱钱进拍摄的《靠谱篇》《算命篇》《信审篇》等 12 条创意中插广告在电视剧中展现。这些系列广告从不同角度对爱钱进"靠谱的互联网金融平台"进行了多方位的阐述，将品牌特性以有趣、新颖、好玩的方式展现给受众，较好地提升了品牌认知度与喜好度。

IP 营销新玩法？爱钱进牵手《老九门》定制创意广告

爱钱进作为互联网金融行业的新兴品牌，采用互联网技术与大数据风控，致力将"靠谱的互联网金融平台"品牌理念传递给消费者，与他们建立更深层次的情感联系与认同。从 2015 年起，爱钱进先后与综艺品牌《奔跑吧兄弟》《十三亿分贝》以及栗子品牌"金栗圣"合作，努力开拓年轻人市场，并推进品牌年轻化建设。

而《老九门》作为 2016 暑期档的最热 IP，聚集了大批的年轻粉丝。无论投放时机，还是目标受众，都与爱钱进当下的市场判断十分匹配。于是，爱钱进与《老九门》一拍即合，合作打造原生广告，双线玩 IP。

一、市场洞察：定位年轻小白用户，寻找市场增长点

网贷行业发展至今，平台数量已达 2 500 家左右。在品牌同质化现象较为严重的背景下，一般网贷平台仍普遍采用强调硬实力、高收益等方式来吸引小众的专业理财用户，市场容量已经触达天花板。未来市场规模的扩大须跳出现有市场格局，寻找具有潜力的市场增长点。

通过调研，"爱钱进"将年轻的小白用户作为主要目标受众。爱钱进发现"年轻的小白用户"是一个非常有潜力的人群圈层——"这部分人年轻，喜欢有趣的事物，对理财有所需求，只是因为不懂金融相关知识，对理财平台无从抉择"。故率先找到这部分年轻人，尝试通过新颖、有趣的方式将品牌利益点传递给"小白"用户，展示产品，呈现理财风险所在，降低他们的决策成本，让其产生认知及喜好，进而转化为购买，最终将爱钱进品牌打入年轻人市场。

二、传播策略：借助 IP 定制创意广告，大力进行品牌推广

爱钱进将借势《老九门》大 IP 热点，并结合自身平台庞大的用户基础，通过超强的曝光量进一步提升爱钱进品牌的认知度和喜好度；此外，爱钱进还将深度结合《老九门》这部电视剧作品的故事、人物角色，定制创意理财广告，传递爱钱进安全、靠谱的品牌理念。最终，借助年轻人喜欢的 IP《老九门》走入年轻人圈层，通过有效的沟通方式，树立爱钱进在年轻人心中敢玩、靠谱的形象，以此提升品牌在目标圈层的认知度和好感度。

三、营销执行：IP 营销新玩法，视频植入与媒体推广双线发力

1. 利用爱奇艺原创帖，打造 IP 营销新玩法

为了集中抓住消费者分散的注意力，有效建立品牌认知与品牌联想，爱钱进与《老九门》尝试了一种新颖的原生广告模式。在植入形式上，原生广告采用了一种以"剧情—广告"衔接为突破点，将剧中人物的个人属性和爱钱进品牌结合的形式在最小程度上影响消费者观剧体验的同时，通过新颖的形式抢占消费者"未免疫"的心智，大大方方打广告，极大地增强了品牌的可识别度和记忆度。

原生广告没有消耗 IP 原有的故事情节，而是借助《老九门》的故事背景和人物关系，全新创作

了《靠谱篇》《算命篇》《信审篇》等 12 条创意广告,利用爱奇艺原创帖的形式进行推广。这一系列广告从不同角度对爱钱进"靠谱的互联网金融平台"产品定位与品牌形象进行了多方位的阐述,将品牌特性以有趣、新颖、好玩的方式展现给受众,较好地提升了品牌认知度与喜好度。如《老九门》第 38 集,爱钱进就利用剧中的人物关系和人物性格,通过一个小场景,浅入深出地讲清了大数据风控对于理财投资人的重要性。

《老九门》第 38 集中插入的原生广告截图

2. 借势 IP,创作独立内容,多角度讲清产品

伴随原生广告的播出,"爱钱进"还在社交媒体平台上进行产品与品牌的推广。但爱钱进并没有沿袭传统影视剧植入品牌主要推广剧中的植入广告的模式,而是上升了一个层次,从借势广告到借势 IP 创作了独立内容,从多个角度展示产品属性。

在影视财经类的微信公众号平台,针对电视剧观众及网友,爱钱进从剧情出发,推出深度解读《老九门》的文章吸引关注,并植入爱钱进理财广告。如《如果没有丫头,〈老九门〉前 16 集会变啥样?》一文,从剧中关键人物即观众吐槽最多的角色丫头在剧中的复杂关系来讲爱钱进的大数据,突出爱钱进安全靠谱理财背后的大数据技术支撑,提升品牌认知的同时,挖掘潜在用户。

在爱钱进的官方微信与微博上,在原生广告播出时,爱钱进便会跟进广告内容,进一步阐述与解答广告背后深层次的含义,如《如何在三十秒内让女朋友笑出来》《"史上最牛广告",牛的不仅是表面,更是内在》等;同时在微博上通过粉丝通等工具的配合推广,将广告视频的曝光量迅速提升。

而在爱钱进的论坛等产品渠道上,针对爱钱进自有用户,通过解析《老九门》剧情来解析广告,如《二月红和半截李能是官?老九门的排名太不科学了!》一文,以剧中人物排名来说明金钱是当时的阶级划分依据,以此说明爱钱进的广告和创意,突出爱钱进理财收益高、安全可靠的产品特性,加强了已有用户对爱钱进的产品利益认同。

四、效果评估：业务指标超额完成，传播效果显著

1. 核心业务指标超额完成

在本次项目开始之初，爱钱进设定了以下 4 个核心业务指标：注册人数、验证人数、投资人数以及投资金额这 4 个关键指标须较以前分别提升 400％、600％、400％、200％。《老九门》原生广告播出后，爱钱进平台业务呈现爆发式增长，这 4 个核心业务指标远超项目目标值，分别增长 895％、1 429％、1 387％、638％。

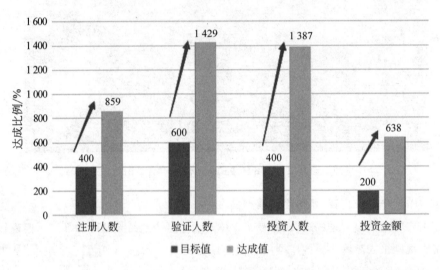

《老九门》项目业务目标达成情况

2. 阶段性品牌曝光数据显著增长

《剧组篇》的广告配合赠送演员签名照的活动进行推广，曝光量达到 490 万次；《买买买》篇广告在同等资源情况下，网络曝光量达到历史最高——高达 396 万次，其余原生广告视频平均播放量也均突破 250 万次。

爱钱进官方微博发布《老九门》相关信息总计超过 70 条，推广的广告视频曝光量高达 2 500 万次，由爱钱进主持的话题有 3 个超过或接近 2 000 万次、4 个 500 万次左右量级的话题，形阶梯状传播矩阵，传播范围大。

"爱钱进"官方微博和微信围绕《老九门》进行传播，通过以上视频推广、互动活动等方式扩大了品牌曝光度。从微指数与百度指数来看，自《老九门》中每条原生广告播出时，爱钱进的搜索热度都会随之攀升形成连续的波峰。总体而言，《老九门》播出后，爱钱进的百度指数为 4 100 左右，

较以往增长 110％左右。

3. 品牌好感度增加

AdMaster SEI 广告效果评估数据显示，在本次项目后，爱钱进品牌认知度、喜好度以及购买意愿明显增长。爱钱进在爱奇艺平台的用户品牌认知度较播出前提升了 220％，品牌喜好度提升了 3％，购买意愿提升了 1.5％，品牌传播效果较优。

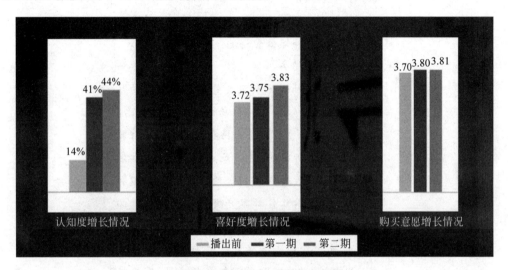

《老九门》项目相关传播效果数据图

（整理/陈苏明）

【户外新媒体营销】

- 广告主：奥迪
- 媒体：车库媒体
- 代理机构：西柚媒体
- 营销类型：户外媒体营销类
- 实施时间：2016 年 6 月
- 核心策略：西柚媒体利用其针对车主人群的基于商业购物中心和大停车场的车库媒体平台，为奥迪 TTS 车型打造了一场利用声控感应灯箱的"车库营销新玩法"。立足商圈场景，精准定位受众人群，通过声画合一的创意方式模拟打造出实物场景，让目标客户群更好地记住产品亮点，从而增强目标客户群的广告记忆度。不同于传统户外广告略显乏味的沟通方式，此次奥迪 TTS 声控感应灯箱营销在趣味性、震撼性以及执行性上都更具特色。

创意户外营销，奥迪 TTS 声控感应灯箱

在消费升级的大环境下，消费者有了明显的变化。从需求的角度来说，就是人们为了提高自己时间上的利用率，愿意在为赋予自己时间更多意义的方向上买单；从消费者构成的角度来说，就是低收入人口比例缩减，深受品牌方关注的中产阶级正在一步步壮大。

在此背景下，传播媒介也必然应时改变。由此，包括电梯媒体、影视视频媒体、车库媒体等的新型空间媒体应运而生。除了分众传媒针对白领和居家人群的基于公寓和写字楼的电梯场景，西柚媒体也利用其针对车主人群基于商业购物中心和大停车场的车库媒体平台，为奥迪 TTS 车型打造了一场利用声控感应灯箱的"车库营销新玩法"。

一、市场洞察：用新型户外媒介触达"三高"人群

1. 新款车型全部亮相，新户外媒体场景助力

北京西柚传媒科技有限公司董事长兼 CEO 吴育怀先生曾在接受《广告主》采访时将客户在传统户外广告的投放总结了三大痛点：第一个是目标人群无法精准定位；第二个是广告效果无法有效评估；第三个是执行的安全性、规范性无法放心。

而新型户外媒体相对于传统户外媒体则将广告营销场景化，精准定位目标人群，便于监测受众触达数量，同时全国性网络化纵深发展，海量聚拢目标受众。此外，其封闭环境抗广告干扰，保证了执行的安全性和规范性。

2. 品牌消费"三高人群"，锁定商圈媒介触达

2016 年夏天，奥迪主推 TTS 车型，其主要消费者为高学历（High Education）、高收入（High Income）、高消费（High Consumption）的"三高人群"，他们活跃于各大商圈，习惯以车代步；他们对传统媒体电视等媒介呈远离态势，很多人对新型空间媒体更为关注；他们或是"精英阶层"或是"白领阶层"或是"家庭富裕青年阶层"，他们是现下的黄金消费群体。

针对奥迪 TTS 上市需求，西柚媒体锁定目标消费者的生活路径，选择上海地标建筑之一的金茂大厦、上海著名商圈之一的中山公园龙之梦作为目标人群的媒介触达点，以停车场中的媒体作为与消费者的沟通渠道，并通过独家的广告创意和炫动的呈现来传达品牌诉求。

二、传播策略：精众人群＋声画结合＋商圈场景

西柚媒体作为奥迪 TTS 上市后首家宣传媒体，在传播策略上遵循以下几个出发点。

1. 目标受众，高度匹配

西柚媒体受众为高消费力的商圈车主人群，所选择的金茂大厦、中山公园龙之梦出入和触达的消费者与奥迪 TTS 目标人群高度匹配，让品牌/产品信息传播更精准，有效助力销售转化。

2. 声画结合，吸引关注

此次营销西柚媒体为奥迪 TTS 采用声控感应灯箱大牌，其突破了传统灯箱大牌单一画面呈现的观感，融入了声控感应装置。当感应装置内部的高清摄像头感应并抓取到附近车辆或人群存在后，即可播放奥迪 TTS 澎湃引擎声，从而引起消费者的兴趣并主动关注到广告的品牌/产品信息。此种声画结合形式不仅吸引更多商圈车主人群关注，也能够吸引潜在消费者对品牌的关注，

从而使宣传效果最大化。

3. 场景打造，亮点凸显

西柚媒体作为新型空间媒体，立足商圈场景，在消费者心态放松、对广告接受度更高的商圈场景中，通过声画合一的创意方式，模拟打造出实物场景，且声控突出奥迪 TTS 优质高端的发动机优势，让目标客群更好地记住产品亮点，从而增强目标客群的广告记忆度。

三、创意执行：声控感应与画面映衬结合

西柚媒体选择在上海金茂大厦和中山公园龙之梦的停车场安装声控感应灯箱，其内部拥有高清摄像头拍摄装置与声控感应发声装置。当车辆通行/人群到达附近或路过时，广告灯箱大牌通过高清摄像头捕捉到人像并传递给感应装置，灯箱大牌便会传出适量的奥迪 TTS 独有的引擎轰鸣声，与奥迪炫酷的画面形成互相映衬，展示奥迪 TTS 引人之处，从而吸引消费者关注。在执行性上，引擎声音的大小可以根据现场调控，确保合适的分贝不影响其他人。

奥迪 TTS 声控感应灯箱投放场景

四、营 销 效 果

1. 商圈投放，直接影响百万车主群体

西柚媒体为奥迪 TTS 选择的两大媒介触达点——金茂大厦和中山公园龙之梦，其本身就具有可观的车主流量。

其中，金茂大厦地处上海浦东新区黄浦江畔的陆家嘴金融贸易区，是上海最著名的景点以及地标之一，也是"金融才俊""精英阶层""白领阶层"日常出行的频繁之地，每天最多迎客 1.56 万人，月车流量 8.5 万辆，月影响近 25.5 万人次的车主消费群体。

而中山公园龙之梦是全上海第五大商圈，也是上海西部核心大型商业综合体，集大型商业、会展、国际甲级商业楼于一身，月客流量超过 300 万人次，月车流量 10.8 万辆，月影响近 27 万人次的车主消费群体。

两个网点两个月的投放周期，此次奥迪 TTS 声控感应创意灯箱营销活动共影响 105 万人次车主群体，造就了广大的品牌传播面。

2. 新奇形式，吸引目标受众主动关注

在奥迪 TTS 广告投放周期内，水平线市场调研公司对奥迪 TTS 广告投放的两个网点进行了不记名拦访调研，每个网点随机拦访了 200 名车主及消费者，其中有 85% 的车主及消费者对感应互动的传播形式感到新奇，并表示自己在听到引擎声后会主动关注灯箱大牌的画面以及仔细关注到品牌信息。

综合来看，西柚媒体为奥迪 TTS 打造的这场声控感应创意灯箱营销活动不但将新款车型直接触达了目标消费人群，同时还以其新奇形式吸引目标受众主动关注。声控感应灯箱以声获得受众注意力，并借助灯箱大牌展示品牌产品画面，声画结合，让受众达到听觉和视觉的双震撼，以此来增强受众的广告记忆度。选取商圈场景，以停车场的媒体与消费者进行沟通，保证了品牌更好地向消费者传达诉求。

（整理/程颖）

- 广告主：红牛
- 媒体：户外媒体、社会化媒体
- 代理机构：智立方
- 营销类型：户外营销
- 实施时间：2015 年 3 月 16 日—2015 年 3 月 20 日
- 核心策略：抛却传统户外广告大 Logo、大头像的单一方式，红牛与《最强大脑》进行捆绑式营销。以传统户外广告为入口，锁定高校、高智商人群投放自制谜题广告。通过简单的二维码技术引流至 H5 答题界面，在赢得目标人群的围观、参与和挑战的同时，吸引新闻平台对事件进行自发报道，并以社会化媒体粉丝的辐射性传播，打造现象级传播量。对于目标人群来说，如此颇具"挑战性"的户外广告，更能提高他们的参与度，也使他们更乐于对此进行自发地分享与讨论，而这，正是广告主期望看到的。

传统户外广告新价值：红牛谜题广告 "线下开花线上香"

　　随着 AR、3D 投影等新兴技术的发展、移动互联网的逐步普及，传统户外广告也迎来了新的发展契机。那么传统户外广告的新价值究竟何在？红牛联手《最强大脑》，将内容与技术相结合，发掘户外广告的新意义——场景入口。

　　如果说线上的社交媒体是炸药，那么户外媒体的投放就是导火索。智立方为"红牛"量身打造户外媒体营销方案，"线下开花线上香"。当综艺节目与产品理念无缝对接，烧脑谜题碰上高智商人群，又将会碰撞出怎样的火花？

一、市场洞察：红牛借助《最强大脑》转变品牌形象

1. 红牛希望转变消费者认知

红牛（Red Bull）是全球较早推出且较成功的功能饮料品牌之一，秉承国际先进经营理念和管理模式，重在引导和培养消费观念，以"功能饮料市场先入者"的地位和优势快速打开中国市场。"补充体力，精力十足""渴了喝红牛，困了、累了更要喝红牛"等广告语广为人知，也体现了其产品诉求。而消费者对于"红牛"的认知大都停留在补充体力的功能饮料层面，红牛希望将消费者对红牛的认知从体力开辟到脑力甚至精神层面，进而推进品牌形象升级、消费者扩大的战略规划。

2. 红牛与《最强大脑》节目理念更契合

红牛提倡激发内心的能量、勇于突破极限、挑战自我，"你的能力超乎你的想象"的品牌理念与《最强大脑》栏目的理念更为契合。红牛意图率先发声，将品牌与节目内涵融合后进行强曝光，占据受众眼球与心智。

二、营销策略：以传统户外广告为入口，锁定高智商
人群，投放谜题广告

由于红牛赞助了综艺节目《最强大脑》，负责红牛的品牌代理商智立方决定针对这一事件进行捆绑式创意，尝试在寻常大 logo、大头像之外，在户外广告牌上再做些突破。

《最强大脑》是以"智商""知识"等著称的知识问答类节目，它的核心亮点是节目中的高能难题与挑战，于是，智立方的创意团队决定制作一道烧脑的难题，在匹配《最强大脑》的同时，将目标人群锁定在清华大学等高校，希望能吸引消费者们围观、参与和挑战。

此外，智立方还希望借助简单的二维码扫描技术，将线下的消费者进一步引流至线上的H5 答题页面，通过内容与技术的结合，尝试挖掘传统户外广告在新媒体时代的新价值：场景入口。

三、活动执行：线下事件引爆，线上话题发酵

1. 谜题广告精准投放，UGC营造事件感

烧脑的内容需要找到高智商人群，以便能激发线下消费者的参与，顺利将消费者对红牛的认知从体力开辟到脑力甚至精神层面。最终，智立方定位于脑力活跃、高智商的"90后"人群，选择4块聚集了理科高端人才的高校区域，其中之一便是清华大学门口，并于3月16日投放红牛谜题的户外广告。

红牛谜题户外广告

整个活动的入口便是这样一个谜题广告，广告牌上的谜题有三个线索，是由一组罗马数字、音符和一个等式组成。扫描广告牌上的二维码即可进入答题H5页面，若输入的答案正确，则可以继续回答剩下的3道谜题——数字难题、声音难题和记忆难题。3道题都回答正确之后，H5页面上便会显示参与者的排名；并且，最快得出答案的前10名参与者将获得红牛饮品为期1年的畅饮权。

但是事情并没到此结束，谜题广告下方很快出现了"歪楼事件"。这件事是由广告牌下方的一张来自"清华电子工程系"同学的"跟帖"引发的，在大家对谜题一筹莫展的时候，这位同学展示了他的研究成果，随后引发了其他同学对于该道题解法的讨论。然而，一位传播系学妹的出现，导致广告牌下方的"跟帖"整体画风突变，由一本正经剖析题目变成了一个交友、寻物平台，学霸男神、爆裂鼓手、魔兽高玩等人纷纷参与讨论，进一步引发了众人的关注，形成了广泛传播，营造了"事件感"。

2. 社会化媒体声量造势，引发话题效应

线下的谜题广告牌通过二维码将参与者引导至线上的H5答题页面，将线下的关注度、参与度导流到线上平台，扩大了二次传播量，延长并深化了传播链，弥补了户外广告投放地点有限以致

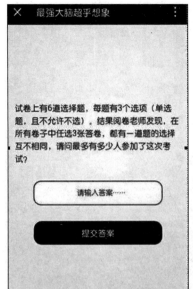

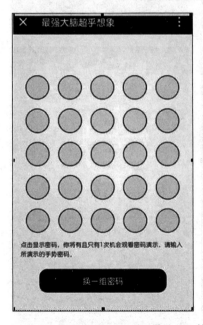
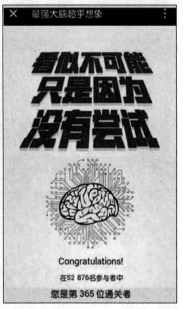

线上 H5 答题页面

于传播范围窄的不足。

而在广告线下投放之后，智立方还创作了一套与广告对应的海报，并发布在红牛官方微博上，用"看似不可能只是因为没有尝试"的主题号召受众突破自己，激发自己的能量。

红牛微博发布的活动海报

除此之外，智立方还在多个粉丝达 200 万量级以上的营销号中投放广告，并通过著名知乎答主增加投放软广告，以更好地触达目标受众。从 3 月 16 日——户外广告投放当天起，多个媒体账号和微博用户对谜题广告进行报道和转发，把事件进行进一步传播。据统计，广告共引发包括《中国日报》《华商报》在内的 80 多位微博蓝 V 报道转载，辐射粉丝数超过 2 500 万人，微信和论坛的转载也达到近千篇。

四、效果评估：小投放，大传播

据智立方创意团队透露，与其他传统创意相比，这次创意与投放的成本相对低廉，仅为传统创意的十分之一。毫无疑问，这也是红牛一次出色的线下精准营销，小而准的投放为线上主场的传播打下了坚实的基础，是一次"小投放，大传播"的成功实践，智立方创意团队称之为"线下开花线上香"。

1. 可观的参与量

整个活动中有超过 10 万人参与答题，其中通关者达 300 多人，H5 活动页面最终以 10 万多人的参与量收官。而广告牌"歪楼事件"也同样引发了诸多清华学子的留言参与与互动，引发了路人以及诸多媒体的关注。

2. 现象级的传播量

3 月 16 日到 3 月 19 日，4 块广告牌、3 个线索，投放 4 天，却造成了现象级的传播量：100 多个微博蓝 V（粉丝 200 万量级以上）声量堆叠，超过 2 500 万社交媒体粉丝的辐射，论坛上 400 多个转载，网易、腾讯、搜狐、人人、今日头条等新闻客户端纷纷发布相关新闻。在百度上搜索"红牛谜题广告"，有近 11 万结果，搜"红牛清华门口广告"，有近 4 万个结果；其他相关词条搜索量不一而足，却传达出人们对红牛最近投放的户外广告所反应的猎奇心理和求知欲。此事件甚至引起了电视媒体的关注，辽宁卫视也公开报道清华红牛谜题事件。

（整理/陈苏明）

【公关营销】

- 广告主：上汽大众
- 媒体：搜索、社交媒体、自媒体
- 代理机构：国双科技
- 营销类型：公关营销
- 实施时间：2015 年 6 月
- 核心策略：针对汽车用户越来越依赖线上平台去完成各个消费决策环节，上汽大众成立数字创新工作室，短期聆听消费者，建立以消费者为中心、可视化的数据研究中心；中期互动应答，提升品牌与消费者的互动黏度；长期数据积累，打造上汽大众移动式整合数据展现平台，用来强化数字思维模式，推动数字创新，支持商业决策。通过认真聆听网民声音，快速了解行业动态，进而为企业决策提高效率。

数字商业创新，上汽大众先行

　　"社交化"与"移动化"的浪潮下，汽车用户越来越依赖线上平台去完成"知晓""比较""购买"和"分享"等各个消费决策环节。作为国内领军汽车品牌，上汽大众对这种转变感受颇深。2016年，上汽携手国双打造上汽大众数字实验室项目，进行数字商业创新的探索和尝试。通过了解汽车用户线上行为和口碑，聆听他们在线上的讨论内容，将相关问题及时反馈到相应的部门，提升品牌与消费者互动的黏性。

一、传播目标：线上即时监测，聆听客户声音

2015 年 6 月，上汽大众数字实验室项目正式落地运营，并在上汽大众内相关部门进行推广。该数字实验室旨在搭建一个快速高效的线上监测平台，聆听客户声音，了解行业趋势，洞察竞品动态。

进一步展开目标，即通过跟踪观察用户在搜索端、社交媒体、自媒体平台及意见领袖等平台上的讨论，对他们的观点和行为进行收集和分析。以保持客观和最大程度地还原网民对于行业、品牌、产品及服务等方面的讨论声量和口碑评价，最终为上汽大众的数字营销、产品升级、服务优化等实际业务领域提供更多参考依据和科学指导，以实现数字营销与商业创新的双重结合、服务质量与品牌效益的联合升级。

二、市场策略：洞察用户趋势，创新跟踪环节

进入移动与社交互联网时代，用户行为变得更加移动化、碎片化、场景化，如何进行精准定向受众营销，再次给汽车营销带来巨大挑战。了解客户线上行为和口碑，逐渐成为数字营销领域里一个全新而紧迫的课题。基于此，上汽大众数字创新工作室树立创新性的市场策略，从用户、品牌、数据层面多维升级，充分发掘实验室的营销价值。

1. 短期：更好地明白消费者所思所想

创新实验室是建立以用户为中心，可视化的数据研究中心。通过对用户行为的全程监测、数据收集及对用户的多维度解读，帮助品牌更为全面地聆听消费者，从而提升对消费人群的精准定位，促进营销效率。

2. 中期：积极响应，品牌应答，增强互动

在充分聆听消费者讨论内容的基础上，上汽可以将消费者的疑问、需求，甚至是抱怨整理分析，分为售前、售中和售后等模块反馈给相应的业务部门，并可以针对消费者提出的问题，整理出对应的应答方案。由此实现品牌与消费者的主动交流与直接互动，从而提升品牌与消费者的互动黏度。

3. 长期：数据整合积淀，创新商业决策

从更长远角度来看，上汽大众数字实验室的营销价值还突出表现为：积累线上各平台数据、打造上汽大众移动式整合数据展现平台，用来强化数字思维模式，推动数字创新，支持商业决策。

三、创意执行：以数据作基，以 APP 为体，全域联动

纵观上汽创新实验室的思路与执行全程，立足三大业务痛点，以三方面的支持予以解决。一方面，数据流通始终，串联部门职能；另一方面，APP 可视化的分析及呈现，灵活更新品牌资讯；最后，用户声音跨地域收集，全局与局部皆把握。

1. 强大的数据整合能力，解决各部门各自为政难题

上汽创新实验室结合强大的数据挖掘、处理等能力，及时掌握消费者在搜索端、社交媒体及自有媒体上对行业、品牌、产品及服务等方面的讨论声量和口碑评价。其中，搜索端以百度数据为主要来源，而社交媒体则涵盖了数千家汽车相关网站、数百个汽车微信公众号、论坛、问答类网站及新浪微博；自有媒体平台包括上汽大众品牌和斯柯达品牌总部及区域日常运营的微博、微信公众号。一定程度上为数字营销、服务优化等实际业务提供了更多参考依据。

上汽的科技与平台资源收集了涵盖搜索端、社交端及电商平台的数据，充分了解客户在各种线上平台类型上的行为，并对大众及斯柯达两大品牌同时提供相关数据支持。

2. 以移动化应用作为数据呈现形式，克服数据分析滞后难题

不同于传统意义上数据"先收集，再分析，最后反馈"的工序，上汽创新实验室以移动化应用软件（APP）作为数据呈现形式，搭建实时聆听平台，动态更新和即时反映品牌与产品信息，克服数据分析滞后的周期难题，帮助业务部门更好地了解品牌和产品声量信息。

3. 按区域线上划分消费者，实现用户需求的共性与个性掌握

除跨媒体收集数据、多部门信息融通、APP 动态呈现外，上汽创新实验室还对线上消费者做了地域划分，不仅能了解全国层面的用户声音，也可以聆听不同省市用户的不同需求，多维度解读用户数据，为总部与区域的相互协作、运转机制的高速通畅打下了良好基础。

四、借鉴意义

科学性——强大的数据整合，多维信息解读。创新实验室的用户监测数据来源包括搜索端、社交媒体和自媒体 3 个部分。其中，搜索端以百度搜索指数为主要来源；社交媒体涵盖了 2 200 家汽车相关网站、200 个汽车微信公众号、120 家汽车论坛、10 家问答类网站以及新浪微博；自媒体平台包括了上汽大众品牌和斯柯达品牌总部及区域日常运营的微博、微信公众号，实现数据的全媒体整合。与此同时，通过对线上消费者作地域划分，上汽大众不仅能了解全国层面的用户声音，也

可以聆听不同省市用户的不同需求及痛点，在数据土壤的奠基外，发散了独具特色的地域视角，实现用户信息的多维架构与解读。

　　前瞻性——在线聆听，行业首创。无论在国内汽车行业里，还是在整个德国大众集团，上汽大众是第一个设计并运用在线快速聆听方法去了解客户对于品牌及行业态度的汽车厂商。该项目以移动应用软件（APP）形式呈现，能够帮使用者快速、便捷地了解用户声音，并制订反应方案，缩短了响应流程，提升了工作效率，创新了行业对于客户态度收集的一般理解。至此，创新实验室数据积累与流通的科学性，加之 APP 呈现的灵活性，共同助力上汽大众数据价值的发掘，此举在行业内部来看颇具创新意义与前瞻性。

（整理/陈喆）

【智能电视大屏营销】

- 广告主：一汽丰田
- 媒体：智能电视终端
- 代理机构：杭州泰一指尚科技有限公司泰一传媒（AdTime）
- 营销类型：数字媒体整合营销类
- 实施时间：2015 年 9 月—2015 年 10 月
- 核心策略：借助智能电视端，广告价值迅速上升，一汽丰田卡罗拉在智能电视终端大胆尝试投放一个名为"未来·先享"的开机广告，以未来感 & 双擎为主要创意，吸引目标人群关注一汽丰田品牌，从而建立更符合目标人群认同、吸引认购的连接，并利用智能电视的优质普及带来更多下一步传播爆发的可能性。开机广告的高触达率为此次营销提供了基本的保障，激情刺激的广告内容亦提供了直观的吸引点，成为一股数字营销的新力量。

数字营销新力量，一汽丰田卡罗拉智能电视推广

　　客厅的互联网革命，不单是一个屏幕，更是代表了新兴的互联网模式、高品质的内容以及更好的观看体验的价值聚合，互联网和电视的融合让电视的价值得到增强，其融合产物智能电视 OTT 也一直被称为将用户拉回客厅的媒体渠道。

　　智能电视广告前景广阔，兼具互联网及电视优势的智能电视广告市场飞速发展。随着互联网电视端广告价值迅速上升，广告主投放已跨入多屏营销。互联网智能电视终端规模逐渐壮大，整个智能电视营销生态系统充满了蓬勃生机。2015 年的 9 月到 10 月，泰一传媒在智能电视终端为一汽丰田卡罗拉投放了一个名为"未来·先享"的开机广告，助力广告主品牌推广。

一、平台选择：OTT 成为数字营销的新力量

从营销层面来看，如今包括联合利华、宝洁在内的世界级广告主正在回归电视大屏，OTT 成为广告主投放终端新的增长点。智能电视营销让平台、终端、品牌主、用户实现多方共赢，并且在数字营销生态中的占比越来越高，也带动了整个电视产业的价值升维。

二、代理优势：泰一传媒（AdTime）打造互动电视的新平台

杭州泰一指尚科技公司自 2013 年推出 AdSmart 互动电视广告平台以来，在智能电视营销领域全面推动智能电视广告投放的普及，用核心技术和资源优势助力整个智能电视营销行业的发展。

经过几年时间的积淀，泰一指尚打造的 AdSmart 互动电视广告平台覆盖了国内外最强势的新型电视媒体资源，与海信、创维、康佳、长虹、TCL、乐视、小米、优朋普乐等十余家国内主流智能电视厂商、电信 IPTV、数字电视以及 ICNTV 达成战略合作。

AdSmart 是电视新网络生态广告系统，由智能电视前端的"开机广告"，到后端影视点播"菜单贴片广告"组成，它打通了智能电视、IPTV、数字电视三大互动电视资源，覆盖优质目标消费者，为品牌广告主赢得"第一提及率"。

三、人群洞察：消费者处于居家环境的新场景

旅游淡季的非假期看似并非是营销首选，但却是居家旺季的时间。通过对一汽丰田卡罗拉消费者的描摹，发现其消费者构成主要以男性为主，男女比例接近 6：4，其中 30～39 岁的人群是主要消费者，占比 44.7%；教育水平较高，大专及以上学历占比高达 72.6%；收入较高，8 000 元以上的目标消费者占比为 67.9%，消费者总体呈现出中年男性为主、高教育水平、高收入的特点。

此次一汽丰田主要针对 30～39 岁男性进行营销推广，他们部分已成家，除工作场景外所处更多的便是居家场景；他们追求新鲜、刺激，喜欢视觉、听觉多感官的震撼体验；他们被汽车动力与科技元素所吸引，是极易打动的目标人群。

四、创意策略：以未来双擎为主要创意，OTT 开机霸屏呈现

1. 以未来感 & 双擎为主要创意

本次投放以"未来·先享"为主题，以未来感和双擎为主要创意，吸引 30～39 岁男性目标人群关注一汽丰田品牌，从而建立更符合 30～39 岁的男性人群认同、吸引、认购的连接，并利用智能电视的优质普及带来更多下一步传播爆发的可能性。

2. 以 OTT& 开机广告为终端形式

开机广告是受众无法躲避，也是触达率极高的形式。一汽丰田借助泰一指尚打造的 AdSmart 互动电视广告平台，投放智能电视前端"开机广告"；借助未来感浓厚的画面与紧张刺激的情节内容展示创意和实际利益点；借助开机广告进行互动，引起用户共鸣，匹配品牌信息与品牌形象。

3. 三市三省成为投放方向参考

在确定智能电视开机广告的推广方式之后，投放于何地是广告主一汽丰田与广告代理公司泰一传媒所需要考虑的首要问题。由于智能电视在发达地区有良好的发展前景，且最先在发达地区开始普及，一汽丰田投入 270 万元，定向上海、北京、天津、浙江、四川、广东，以三市三省成为投放方向的参考。

4. 画面下方露出产品引流信息

在画面下方露出二维码，引导受众扫描加入"卡罗拉双擎汇"，成为 VIP 会员。利用"VIP 会员专属礼"（包括专属定制的车用先锋徽章、香薰、随行杯、卡片式内存、简约卡包）、"先锋先享礼"（全国前 1 000 名抢先预定客户购车可享 Apple Watch 智能手表一枚）进行引流，勾起受众的购买欲，同时也露出"2 000 元补贴""超低日供 27 元起""20% 超低首付"等产品噱头信息。

五、效 果 评 估

本次智能电视广告推广是一汽丰田顺应时代潮流的一次尝试，主要分为 2015 年 9 月 27 日—2015 年 9 月 30 日，以及 2015 年 10 月 7 日—2015 年 10 月 16 日两个阶段。广告以"未来·先享"为主题，在上海、北京、天津、浙江、四川、广东三市三省定向投放，借力广告平台，覆盖海信、创维、康佳、长虹、TCL、乐视、小米、优朋普乐等十余家国内主流智能电视厂商精准投放。整体来看，此次一汽丰田卡罗拉智能电视推广在超额完成广告任务，达成率为 106% 的同时，也成功深入目标消费者，助力了品牌好感度的提升。

"未来·先享"开机广告页面

1. 时段一致，消费者习惯明显

"六地每日投放时段趋势总览图"显示出了一个明显的"双坨峰"，分别是 12:00 以及 20:00 的时间段，这是大部分用户最常打开电视观看的时间段，同时这两个时间段也竟然与整体投放曲线相一致，这说明本次推广充分抓住该人群智能电视行为规律性极强的特点，把握住了消费人群观看智能电视的高峰时段。

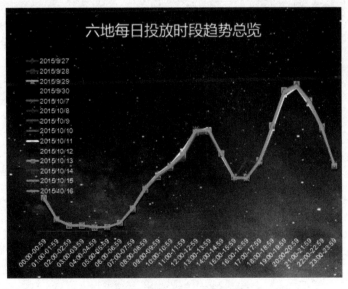

六地每日投放时段趋势总览

2. 惯性周期,工作日高频使用

通过北京、上海、天津三地投放曝光情况纵览图可以看到,三地高峰峰值均发生在工作日时候。十一黄金周尾期开始,北京,特别是天津爆发出非常大的潜力。可以发现,大城市智能电视的使用有惯性周期,具体表现在工作日高频使用。

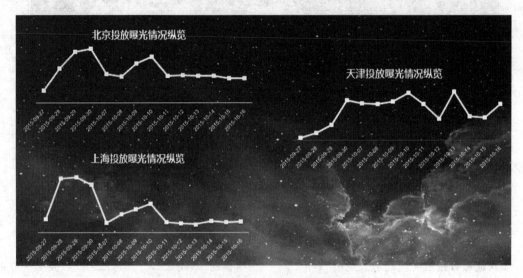

北京、上海、天津三地投放曝光情况纵览

通过以上两个维度的效果分析,可以发现一汽丰田此次智能电视推广迎合了消费者的使用习惯,直接、准确地触达消费者,完成了品牌推广的目标。

(整理/程颖)

【内容营销】

- 广告主：双立人
- 媒体：电视媒体、自媒体
- 代理机构：凯络中国
- 营销类型：影视营销类
- 实施时间：2016 年 5 月
- 核心策略：硬性植入可能会引起消费者的反感，故此次营销双立人另辟蹊径，借助《好先生》剧集与品牌的高度契合，打造全面的"沉浸式植入"。剧内深度融合品牌剧情，剧外推广衍生产品。以剧内高频次、高契合度的品牌植入为核心，进行传播发散，旨在让目标人群在观看剧集的同时，引发网友的深度讨论，进而激发潜在消费者购买和主动分享的欲望。

双立人打造《好先生》品牌内容盛宴

近年来，凡影视剧必有植入。随着越来越多的品牌主愿意为影视剧买单，影视剧植入方式也在慢慢从生硬的口播、简单的产品摆放等"硬广式植入"向"沉浸式植入"方向转变。所谓"沉浸式植入"，意指让品牌自带情感、自带个性，并能搭配人物为剧情做很好的"穿针引线"工作。虽然"硬广式植入"一般都有"立刻见效"的实效，但是却没有长久的品牌效果，而众多品牌主需要的恰恰是通过电视剧来还原品牌的真实性。

2016 年，德国厨具品牌双立人迎来品牌创立 285 周年庆典，这一年，"双立人"希望借助一种与生活情境高度关联的表现形式来获得重塑品牌的效果，进而在中国市场上取得新的突破。针对这一诉求，凯络中国为双立人打造了一场《好先生》品牌内容盛宴。

一、市场洞察：探察目标群体，契合品牌剧集

1. 新兴主妇赋予厨房更多意义

双立人的目标受众是年龄在 20～40 岁的女性，她们出生在或正生活在中产阶级及以上家庭，受过良好教育，追求高品质的生活，努力工作，同时也享受生活。

随着"80后""90后"族群的成长以及目标消费群体新兴中产家庭主妇群体的形成，"下厨做饭"已经不再仅仅是为了解决温饱，这意味着消费群体对烹饪的理解再次被上升到了一个前所未有的新高度，她们开始更加关注自身健康，更加注重对生活品质的追求，同时也赋予了厨房更多的意义。

2. 消费人群固有观念如何打破

双立人过往的营销传播所建立起来的品牌认知还只是停留在"一把德国产的刀具"的印象上，如何打破消费者这一固有观念，为目标消费者建立起一个"摩登厨房专业品牌"的新概念，这不仅是双立人品牌重塑的核心任务，同时也是为双立人业务新机会创造良好的营销环境。

3. 品牌剧集高度契合开启战役

双立人需要借助一种与生活情境高度关联的表现形式来获得重塑品牌的效果，而《好先生》就是一部以父女情、朋友情和恋人情交织的现代剧，同时"能做一桌美食"又是现代人对"好男人"的一种有传承的认知，其代理商凯络中国利用二者这一契合，开启了双立人重塑品牌的影视营销战役。

二、营销策略：剧内大做文章，剧外衍生推广

此次影视营销，品牌主双立人主要有两大传播目标：一是品牌知名度维护，在保证预算效率不低于常规硬广投放所能达到的收视率和受众覆盖的前提下，通过投放平台的优化组合最大化双屏收看效果（ROI 高于 100％）；二是品牌理念重新定位，将双立人在消费者中的固有印象——"一款来自德国的不锈钢刀具"转变为"提供摩登厨房体验的专业厨房用具专家"，通过内容传播提升潜在消费者对双立人品牌的喜好度和与他们日常生活的关联度，从而激发他们购买和主动分享的欲望，扩大双立人品牌的潜在消费者。

针对品牌主的传播目标，此次影视营销进行了剧内剧外的全面布局。

1. 剧内："四招"深度融合品牌剧情

在创意的实施上，双立人不以单纯的品牌露出和道具展示为目标，而是与剧情深度融合，突破

内容植入瓶颈。

剧内战役中双立人共使出了四个招式：一是后厨型男深度绑定，将产品与剧中主人公（孙红雷、张艺兴）深度绑定，进而吸引目标消费人群，诠释生活中的"好先生"以及厨房中高品位的品牌内涵；二是定制道具感情线索，除了定制关键道具在剧中作为关键感情线索外，还特别定制了皮套与皮箱，用以彰显品牌的精美工艺和悠久历史；三是全线产品摩登厨房，将双立人全线厨具产品植入剧中米其林餐厅后厨以及都市白领家居厨房，凸显双立人作为"摩登厨房厨具专家"的品牌形象；四是精致美食串联故事，通过用双立人产品创作出的精致美食，串联起剧中关于"亲情、友情、爱情"各种跌宕起伏的故事，提升了品牌与日常生活的关联度。

2. 剧外：三招契合推广衍生产品

除剧内曝光外，品牌广告主在剧外借由剧情和品牌特性的契合点，通过开发同款周边产品、结合品牌社交发酵、片方授权宣传物料等方式，线上线下并行，在增加品牌知名度的同时促进销售。

通过开发同款周边商品，增加品牌商业机会。如开发剧中同款热门产品（刻字刀具，孙红雷同款菜谱等），借助"衍生品"这类基于网络传播的商业及文化现象，创造网络话题，进而打造双立人电商网络的新据点，实现品牌内容营销最大程度的变现。

通过结合品牌社交发酵，进行社交媒体炒作。结合双立人品牌特性，借助明星和好剧的热度，围绕"都市美食""时尚美食"等话题进行社交媒体炒作，提高了品牌的关注度，同时也在一定程度上扩展了消费者群体。

《好先生》海报

通过片方授权宣传物料,线上线下促进销售。片方授权后,品牌通过平面海报、植入视频、花絮等素材,丰富线下销售通路的宣传物料。随着剧集宣传物料的展示,品牌信息也随之露出,增加了品牌的曝光度。

三、媒介执行：多样媒介表现形式,播出前、中期共同发力

通过植入桥段、电视剧官微转发、片头片尾产品特写、片尾 logo 露出、公关文章等媒介表现形式,在播出前期、播出中期选择了不同层次的媒介执行。

植入桥段之一：陆远到西餐厅后厨"踢馆"

1. 播出前,海报自媒体进行预热

《好先生》播出前期,片方发布了带有产品的"型男主厨"主题人物海报,后又利用《好先生》美食热门话题——"米其林大厨的精彩人生"进行自媒体预热,助推剧集的同时,也为品牌后续知名度的提升作铺垫。

2. 播出中,社交自媒体升温发酵

利用剧中相关美食话题,发酵双立人和剧集的联系,借剧中人物塑造品牌在消费者心中的形象,同时借时尚、美食类话题种子植入双立人产品,又借助品牌自媒体结合热议美食话题,在《好先生》这部剧拥有一定的热度时,推荐给消费者"美食背后的利器——双立人",从而达到品牌形象的升级。

四、营销效果：品牌热度大增,品牌形象重塑

1. 媒体声量与社交声量双丰收

电视剧的火爆带来网友就品牌相关话题的火热讨论。在媒体声量方面,江苏浙江卫视首轮播出收视率 2.1(CSM 全国 55 座 1~3 线城市双立人目标受众加权收视率),单此一项 ROI 就超过

200％，乐视和腾讯视频平台观看人超过 12 亿，相当于 2 400 万人民币视频前贴片投放，此项 ROI 达到 1 200％，两方折算成媒体价值的 ROI 总和超过 1 400％；

在社交声量方面，双立人结合"美食"话题的社交推广，阅读总量超过 70 万次，其中在 2016 年 6 月，品牌微博正面内容比上月增长 2 倍以上，远超前 3 个月的平均量。

2. 主动搜索与情感传播同达成

剧集的火热和高频次、高契合度的品牌植入引发了网友的深度讨论，进而激发潜在消费者购买和主动分享的欲望。其中，百度知道关于"好先生/刀"的关键词搜索多达 6 万条。

此外，通过与《好先生》的内容合作，与品牌历史相关的词汇达到了与"双立人"的高相关度，例如，彰显 285 周年悠久的历史"1731""双立人 1731"，体现精美工艺和生活品位的"凯末尔""鲍勃"，相比同行业竞品，"双立人"率先进入了情感诉求的传播层面。

3. 衍生产品与品牌形象共发展

电视剧中展现的刀具和厨具留给观众深刻印象，品牌决定专门开设微店，将剧中所有同款产品作为有价值的收藏版售卖，并且仅在微商渠道中销售。据此，"双立人"打开了新的电商网络据点，也为自身带来了更多内容变现的可能。

除了衍生品方面的成就，"双立人"的电视剧植入，利用品牌本身与电视剧情节人物设置的契合，也完成了对自己品牌内涵的重新定义，从而脱去了"一把德国产的刀具"的固有外衣，换上了"摩登厨房专业品牌"的崭新礼服，达到了重塑品牌形象的效果。

（整理/程颖）

【移动营销】

- 广告主：神州专车
- 媒体：社会化媒体
- 营销类型：移动营销
- 实施时间：2015 年 5 月—2015 年 6 月
- 核心策略：神州专车结合竞品痛点与自身品牌特点形成差异化定位，瞄准产品 Uber，主打"神州专车就是安全"的品牌定位。其反面入手，敲响警钟；正面借势，塑造品形。先抹黑再洗白，借"黑"增强品牌的曝光度，以"白"打造安全的品牌形象，同时借助明星代言人以及多媒体平台的曝光持续为事件增加热度。这是一场与竞争对手以及消费者的心理博弈，无论是处于舆论的上方还是下方，都尽在广告主的预判之中。将品牌始终置于舆论的旋涡中，在无形中增强品牌的热度，这就是此次营销的核心策略。

"神州专车"正反双向入手并直击出行安全问题

神州租车成立于 2007 年 9 月,并在 2015 年 1 月宣布:通过与独立的第三方专车服务供应商——UCAR 优车科技的合作,正式进军专车市场,打造高端专车品牌"神州专车"。"神州专车"作为二者合作的产物,既拥有神州租车强大的租赁车队数量和网点覆盖等优势,也兼具 UCAR 的司机专业、服务优质等特点。

当时专车市场竞争激烈,滴滴和 Uber 占据主要市场份额,市场格局初定。神州专车作为市场后入者,如何改变市场格局,将"二人转"变为"三国杀",是此时企业面临的核心挑战。

一、传播目标：抢占市场份额，提升客户重复使用率

"神州专车"作为市场后来者，抢占市场份额、争夺新用户成为当务之急。因此，神州专车确立了"半年抢占至少5％市场份额、客户重复使用率不少于20％以上"的传播目标。

二、市场洞察：专车市场前景广阔，但市场竞争激烈

1. 移动出行逐渐普及，专车市场广阔

随着移动互联网的蓬勃发展，中国移动出行的普及率也不断提高，打车、租车、专车、拼车、代驾等出行方式层出不穷。由于 APP 使用便捷，又有前期给予的各种大量补贴，国内移动出行的用户规模迅速扩大，在全国主要的一、二、三线城市中，成为应用最广泛的移动 O2O 行业之一。而专车作为移动出行方式之一，其市场前景也较为广阔。

2. 市场竞争激烈，格局已趋稳定

2015 年，国内专车市场竞争激烈，主要竞争者包括：以私家车营运为主体的国内平台类公司，如滴滴、快的；以私家车营运为主体的国外平台类公司，如 Uber；与国内领先汽车租赁公司合作、开展专车业务的平台类公司，如神州专车；以整合其他小型传统汽车租赁公司为主体的国内平台类公司，如易道用车。

而其中，滴滴和 Uber 这两大公司占据主要市场份额，滴滴依靠腾讯、阿里，用户流量大，并以高频补贴迅速启动专车市场。而 Uber 作为互联网专车鼻祖，也通过高价补贴已迅速占据市场。双寡头垄断的市场格局初定，难以容下其他竞争者。

3. 神州专车结合竞品痛点、自身品牌特点形成差异化定位

滴滴定位具便利性，Uber 定位具趣味性，但二者均让这个专车时代被掩埋在了补贴与噱头之下。同时，人们对于广州性侵事件的关注转瞬即逝，安全事故频发更是无人问津，安全问题已然成为专车消费痛点。

而神州专车与其他的出行 O2O 平台不同，旗下拥有自有的、非社会的司机和车辆，在品牌的统一管理下，在服务与安全性上有一定的保障。故神州专车结合竞品痛点与自身品牌特点形成差异化定位，瞄准对头 Uber，主打"神州专车就是安全"的品牌定位。

三、传播执行：反面入手，正面收尾，始终主打"安全牌"

1. 前期：反面入手，敲响警钟

神州专车邀请海清和吴秀波担任代言人，推出"安全"主题海报，反向入手，指出"黑专车知道我的手机、住址，他们可能会伤害我"以及"黑专车知道我的手机、住址，他们窥视我和家人"等黑专车存在的安全隐患，大力宣传"无骚扰、无私家车、无隐私泄露，神州专车就是安全!"的理念。神州专车随后将海报投放至分众、航美、高铁、地铁等媒体渠道，最大程度上触达目标消费者。通过户外广告大面积曝光，敲响警钟，引起消费者对于打车安全问题的关注，并通过扫描二维码、免费体验神州专车的方式，将目标消费者引流到新媒体端。

"安全"主题海报

2. 中期：公关配合，引爆社会舆论

随后，神州专车邀请中国马拉松纪录保持者孙英杰、哈佛学者张扬、愉悦资本创始人刘二海等诸多名人拍摄"Beat U 我怕黑专车"系列态度广告，并将广州发生的 Uber 性侵事件作为索引，撰写名人呼吁打车安全的心声，并通过微博、微信、凤凰新闻等新闻客户端同步发布。此外，多家媒体队列一致转发话题♯Beat U! 我怕黑专车♯，代言人海清也进行微博转发，进一步为该话题造势。神州专车系列态度海报大面积曝光，引发网友热议。

但随后，代言人之一的知名财经媒体人罗昌平发微博表示不赞成这样的传播方式，整个舆论导向开始逆转。海清等代言人也相继删除了相关微博，神州专车广告迅速上升为公共事件，网友发博声讨、抵制神州专车，@鹦鹉史航、@王小山等多位微博名人利用"神州体"P图表明立场，抵

"Beat U 我怕黑专车"系列态度广告

制这种"无底线的竞争方式"。

但事情并没有到此结束,海报上"怪蜀黍"变"怪蜀黎",错字风波再次引发热议。众多品牌纷纷跟风,借势宣传,实际上也进一步增加了神州专车的曝光度和关注度。

6月25日,神州专车微博正式回应该事件:"①把怪蜀黍写成怪蜀黎的文案狗,正在被惨烈吊打中⋯⋯②本来想和u玩壁咚,结果完全壁duang了⋯⋯③不相信u天生具有舆论豁免权!现在信了⋯⋯④我们的价值观很正,永远永远抵制黑专车⋯⋯⑤永远相信:安全的专车就是神州⋯⋯"此条微博被转发12 536次,网民留言7 384条,大量网民参与讨论,舆论热度进一步被推高。

25号当晚21点左右,神州租车也通过官方微信平台发送了一封道歉信:向不明真相的明星代言人道歉,向搜狗输入法道歉,毕竟把"怪蜀黍"打成了"怪蜀黎",委婉地对Uber表达歉意,并且表明抵制黑专车的坚定立场,最后赠送用户神州专车打车券,连发3天,通过福利继续引流。

3. 后期:借势而上,正面塑造品牌形象

后期神州专车结合代言人形象,正面宣传神州专车"专业司机""专业车辆"的核心卖点,着重塑造"神州专车 专业就是安全"的品牌形象,并在微信、微博平台更大范围投放TVC和海报。微信朋友圈信息流广告一改硬广的形式,采取明星聊天互动＋大规模发福利的形式:吴秀波挑逗的眼神,手里似乎攥着东西,配合敢不敢对视5秒钟的文字,共同挑逗大家的好奇心,视频结尾还附赠了150元的专车福利。

此外,神州专车还进行了场景化营销,选取了3个典型的消费场景——加班、出差、代叫,结合消费痛点——出行安全,推出了3则系列专题H5,并投放至微信平台。通过宣传,将"1.1亿安全出行"的数字传达给消费者,强化了安全出行的品牌形象,并推出了2016年服务升级的品牌承诺,有助于获取更多的新用户。

加班场景 H5

四、营销效果：关注度迅速提升,用户活跃度上涨

1. 传播效果：神州专车的关注度迅速提升

全网监测显示,活动时期"神州租车广告"舆情总体趋势(新闻、论坛、博客、微博、移动客户端、微信)通过各个类别的对比走势来看较为一致:从2015年6月24日—2015年6月26日短短3天内得到了很大的关注度,其中,新闻的关注度于6月25日达到最高峰。

H&T微博舆情监测系统显示,6月25日当天,神州专车的广告门事件占据微博关注度排名的第二位,从微博原创发布比重以及KOL转发比重的结果来看,大V转发评论、代言人的反水也都成为大众关注的热点。而从神州广告事件媒体裹住及热议关键词可以看出,神州专车获得了大量关注,Uber 和滴滴也坐收渔翁之利。

通过 HCR 慧辰货讯大数据平台,基于海量数据的移动用户行为及网络舆情综合分析,"神州专车"营销事件,确实在一定程度上提升了神州专车的曝光量与关注量,但在品牌美誉度及最终的用户行为上这一营销策略还有待商榷。

2. 实际转化效果:市场份额上升,用户活跃度后被反超

从市场份额来看,神州专车的市场份额涨幅超 30%,同时 Uber 也被小幅带动(注:市场份额指各专车活跃用户在整体移动互联网活跃用户中的占比)。从新用户活跃占比上来讲,事件前后,神州专车的新用户活跃占比有明显提升,明星广告推广、优惠券发放、充值返现等一系列活动激励了众多新用户下载并使用神州专车的 APP。事件发生前,神州的用户活跃度与 Uber 始终保持相差 3%左右,在事件发酵之后,神州专车用户活跃度超 Uber 后又被反超(注:活跃度指各专车活跃用户在各专车装机用户中的占比)。

HCR 慧辰货讯分析认为:神州用户活跃度提升之后又出现的回落表明,传统企业出身的神州专车要真正实现互联网转型,还要在如何有效施展营销、提升用户体验、提供差异化的服务、优化商业模式等领域做足功课。

(整理/陈苏明)

- 广告主：麦当劳
- 媒体：移动媒体
- 代理机构：小米、一点资讯
- 营销类型：移动 O2O 整合营销
- 实施时间：2015 年 9 月 15 日—2015 年 9 月 22 日
- 核心策略：麦当劳联合小米、一点资讯，将店面、硬件、移动互联网三者进行有机结合，共同打造"全民充电饱"活动。紧密围绕目标受众"没电恐惧症"以及快速的生活节奏，为用户做到手机、身体、精神的三重"充电"。以技术吸引消费者到店，以内容延长消费者在店时间，线上线下双向传播，提高销售的同时，进一步提升麦当劳的品牌形象。

麦当劳、小米、一点资讯三方跨界营销"全民充电饱"

2015 年 9 月,麦当劳面向市场推出了一款加长汉堡超值午餐"充电饱",新品推出之际,增加麦当劳消费者到店率与停留时间成为首要任务。2015 年 9 月 15 日—9 月 22 日,麦当劳联合小米、一点资讯,通过将店面、硬件、移动互联网三者进行有机结合,共同打造了一场新奇有趣的移动 O2O 整合营销。

一、市场洞察：快慢矛盾挑战，痛点造就机会

1. 快餐慢生活，单一形象待改变

随着当今社会竞争压力逐渐增大，人们的生活节奏也随之加快，在移动互联网背景下，"快"似乎已经被定义成所有事物发展的唯一标准，衣、住、行被加速，连食也在持续加速中。但是随着快餐与健康的话题越来越热，人们开始对麦当劳有了一些消极的情绪。如何让身处快时代却追求慢生活的食客重拾对麦当劳的喜爱，改变麦当劳单一的快餐形象，这是麦当劳面临的最大挑战。

2. 没电恐惧症，品牌接近消费者

此次营销，麦当劳将学生群体及上班族群体作为目标消费者之一：他们生活节奏很快，对互联网依赖度极大，尤其是当手机成为人们"延伸的器官"之后，电量成为网民的安全感来源，"没电恐惧症"作为消费者的普遍痛点，是各大品牌接近消费者的难得机会。

二、媒体策略：技术数据支撑，三重充电连接

麦当劳联合小米、一点资讯，将店面、硬件、移动互联网三者进行有机结合，共同打造"全民充电饱"活动。

1. 合作小米、一点资讯，技术数据同助力

麦当劳此次营销活动借力小米、一点资讯两方，其中小米基于安卓改装的 MIUI 系统积累了1.7 亿的活跃用户，聚集了大量受众人群。同时小米还拥有 LBS 智能定位的技术突破以及多款APP 的融合资源，为此次营销活动的进行提供了可能。

一点资讯 APP 日更新内容超过 50 万篇，拥有 10 万家自媒体，日活跃用户超过 4 800 万，用户停留时长超过 55 分钟。通过长期与小米、OPPO 等渠道的战略合作，得以融入大量年轻、健康、富有活力的用户流量，完善一点资讯大数据标签体系，形成更为清晰的用户画像。

2. 手机、身体、精神三重充电新模式

首先，与中国互联网知名品牌小米联手，在全国 742 家麦当劳门店设置充电站，解决移动互联网时代下"电量恐惧症"患者就餐时的充电问题。利用小米系统级 APP 黄金资源，与户外、TVC 整合，对活动进行曝光，结合 LBS 智能定位进行引流。其次，由一点资讯提供兴趣海报，铺满门店，用户真正感兴趣的内容成了食客们边吃边聊的最好话题。最终，拉长了消费者在店内的停留时间，放慢就餐速度，为用户做到手机、身体、精神的三重"充电"，开创了跨界联合营销的一种新模式。

三、案例执行

以满足消费者痛点需求为入口,跨界合作提供移动时代生活场景的全套解决方案。

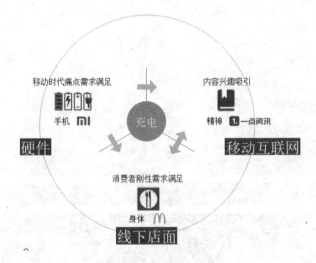

跨界合作的全套解决方案

1. 店外宣传引流,智能整合增加到店率

在麦当劳店外,利用小米系统级 APP 黄金资源,与户外、TVC 整合,对活动进行曝光,并通过多种形式为活动预热。

2. LBS 智能定位聚焦受众

小米首先利用其一项技术突破——结合 LBS 智能定位,聚焦麦当劳门店方圆 1 公里以内的米粉群体,在其小米手机电量低于 50% 的情况下,利用小米特有的系统级开屏广告、Push 消息推送及信息流广告资源,有针对性地推荐"麦当劳全民充电饱"活动,完成预热目的的同时,为到店引流发挥至关重要的作用。

3. APP 数据打通资源整合

利用小米自身各个 APP 之间的数据融合和打通,有效地进行资源整合。手机电量不足时,人们习惯性地会降低 APP 的使用频率,以节省电量,通过单个 APP 能触达到的目标用户量会大幅减少。小米系统级开屏广告,可覆盖小米旗下及其生态链企业中 21 款 APP,当用户启动其中任意一款 APP 时,均可通过开屏广告触达。由于小米各 APP 之间打破数据孤岛,实现了融合交互,除了覆盖面广,系统级开屏广告还具备全局频次控制的能力,减少跨媒体的无效曝光,同时也避免重复曝光对用户的打扰,最大限度提升用户对"充电饱"活动的好感,保护用户体验。

4. 怀旧风 H5 游戏结合品牌

主打怀旧风的 H5 互动游戏让用户进一步了解快速就餐的危害，并与麦当劳正面地结合在一起，利用与品牌相关的文案如"为什么麦当劳只剩下 M 叔叔""小飞飞、汉堡神偷和滑嘟嘟都去哪了"来增加游戏的趣味性，从而引发消费者关注。

H5 小游戏界面

5. 店内体验消费，投其所好拉长停留时间

利用店外的宣传引流增加消费者的到店率之后，如何拉长消费者在店内的停留时间？麦当劳给出的答案是：投其所好。

借助一点资讯首创的兴趣引擎技术，通过对消费者硬件/位置等基础数据、搜索/点击/订阅等内容行为数据，以及消费行为数据的洞察，来描绘出精准的用户画像和兴趣图谱，从而实现对消费者真实需求的捕捉，并依据消费者兴趣数据开展兴趣营销，并融合多方资源实现更加精准和高效的营销效果。

6. 兴趣引擎描绘用户画像

通过对一点资讯麦当劳频道订阅用户的分析发现，对麦当劳感兴趣的人分为几大类：一类是工作忙碌的职场年轻人和大学生，这部分人都有学习充电的需求；第二类是在麦当劳约会的年轻

店内

基础数据
(硬件/位置……)
+
内容行为数据
(搜索/点击/订阅……)
+
消费行为数据

精准的
用户画像&兴趣图谱

实现对消费者真实需求的捕捉

借助一点资讯的兴趣引擎技术

人;还有一类是带孩子在麦当劳用餐的父母。

7. 用户数据驱动创意执行

数据分析出与麦当劳相关的最高频关联关键词是"孩子""加班""白领""搭讪"等,针对这个发现,一点资讯制作了多个主题的兴趣海报,包装麦当劳的门店,进行活动推广。

例如,针对关键词"孩子",制作"如何在麦当劳充电时高冷地教育孩子"趣味海报;根据"搭讪",制作"如何在麦当劳充电时被邻桌搭讪"海报,将消费者置身于自己感兴趣的话题语境中。在海报左下角,还附有一点资讯的二维码,对某一个话题感兴趣的用户,即可通过扫描二维码进入一点资讯相应的频道进行深度阅读。例如,在麦当劳约会的年轻人,进入搭讪频道就可以看到诸如"在麦当劳搭讪的 100 种方法"等相关内容。

通过提供消费者感兴趣的内容,并融入情境,进而拉长消费者在店的停留时间。

麦当劳店内画面

8. 后续长尾内容,二次营销延续品牌热度

一点资讯对本次活动涉及的诸如搭讪、高冷、绝对空域、魅力等兴趣频道进行后续经营,延续活动的长尾效应,并吸引用户自发地对事件进行漫画内容生产及传播。以维持活动后期热度,进行第二轮宣传。

一点资讯兴趣频道

UGC 漫画内容

9. 健康活动互动分享,UGC 传播病毒视频

麦当劳以小米手机作为奖品,联合一点资讯举办"慢一点,养成健康饮食习惯"活动,吸引消费者完成互动并进行分享,完成线上线下引流,助力活动的持续升温。同时以 UGC 的形式传播"薯条铁塔篇""熊孩子篇""老年人爱情篇"三篇病毒视频,制作出消费者真正感兴趣的内容并在社交媒体中疯狂转发,制造热点事件。

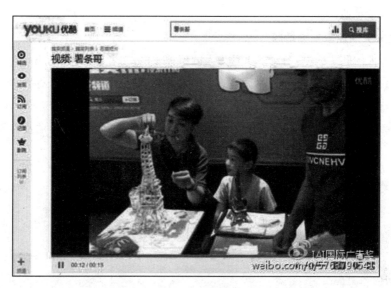

优酷视频截图

四、营销效果

基于对"电量恐惧症"的用户洞察,麦当劳深度整合相应资源,让用户从身体到手机再到精神,实现三重充电,并借助不同用户兴趣匹配广告信息,深化品牌认知,打造了一场"集合创意、技术和数据深度"的跨界整合营销。

1. 目标人群线上线下双向流通

通过兴趣引擎及大数据技术,洞察消费者,驱动广告创意的产生。

在线上,借助个性化频道运营,吸引用户进行 UGC 内容原创,通过线上传播资源进行活动推进,并借助 LBS 定位技术,将线上导入线下;在线下,通过抽奖吸引用户完成线上线下互动,充分体现了技术创新在数字营销中所发挥的作用。

目标人群不仅锁定线上到线下,还能反向从线下引流线上,实现了目标人群线上线下的双向流通。

2. 销售成果增长受众自主传播

"麦当劳全民充电饱"通过将店面、硬件、移动互联网三者进行有机结合,使推广、进店、体验、分享形成了营销闭环,最大限度地让本次活动在更广的范围扩散并真正做到了实效营销。截至专题活动结束,整体活动 PV 达到 3 亿次,以远超 KPI 的数据收官。同时,有趣的活动还赢得了消费者自发的内容生产与传播,这使得在非销售旺季,麦当劳销售额增长了 15.7%,到店率增长了

2.8%，甚至超过了暑期热季。

3. 品牌形象关联健康主流话题

麦当劳是为人的肚子充电，一点资讯是为人的精神充电，二者息息相关，小米为手机提供充电方式，三者在同一场景下紧密结合。此次营销除了带给麦当劳销售额的增长外，更重要的是，在消费者心中，麦当劳再也不会简单地与快餐画等号，而是成了一个了解现代消费者健康需求，并为之努力的餐饮品牌，提升了麦当劳的品牌形象，也让身处快时代却追求慢生活的食客重拾对麦当劳的喜爱。

（整理/程颖）

- 广告主：伊利
- 媒体：移动媒体平台
- 代理机构：网易
- 营销类型：移动营销类
- 实施时间：2014 年 11 月—2014 年 12 月
- 核心策略：借助"温暖"与"健康"两个移动营销活动，伊利旨在提升品牌理念，呈现伊利对消费者"温暖"的情感关怀。充分利用内容平台，透过巧妙的手机 APP 构想，创造"伊利牛奶"和"冬天温暖人心"的感性联结，发挥社群媒体里共同"加温"的参与扩散效益。活动推出时间点也巧妙地利用感恩节、冬至及圣诞节，让"温暖"成为伊利牛奶的冬季标签，深化品牌形象，建立品牌价值差异化，提升品牌竞争力与辨识度。

品牌价值新入口：伊利创新移动营销

在信息碎片化时代，企业对品牌曝光最大化的要求更为强烈，促使传统营销思路的转变，因而移动营销成为必然趋势。这对发展多年的传统老企业而言尤为必要。

经历了20余年的发展，伊利集团已发展成为中国规模最大、产品线最健全的乳制品企业，在行业竞争同质化与消费者需求多样化的新环境下，伊利着力深度挖掘品牌价值，利用移动营销的强大曝光度，发展差异化战略，围绕品牌价值核心，策划并进行了一系列崭新的移动营销。

一、需求洞察：挖掘情感诉求，拉近品牌距离

1. 市场竞争同质化，品牌寻求差异化

伊利集团在乳制品行业内的竞争优势表现在奶源优良、品牌卓越、技术创新和管理科学方面，拥有国内最健全的产品线。从整体市场而言，伊利集团拥有基本覆盖各年龄层消费者的产品，例如，伊利金典牛奶、伊利纯牛奶、伊利婴幼儿奶粉、伊利优酸乳、伊利巧乐兹冰淇淋、伊利舒化奶、伊利中老年奶粉，等等。

随着全球经济化的进一步深化，伊利所处的行业竞争环境更加激烈。除了国内的蒙牛、三元、光明等本土品牌，还有雀巢、和路雪等国际品牌进入中国市场，乳制品类型丰富度逐渐饱和，行业市场竞争趋向同质化，成本增长导致利润率下降，企业盈利水平降低，影响了伊利的进一步发展。

另外，在发展进程中，乳制品行业的健康问题仍存在诸多不确定因素，给企业的发展带来了巨大的风险。

在这种情况下，发展品牌差异化战略成为伊利未来发展的必然选择。

2. 目标市场新洞察　双切口建立联系

对伊利而言，企业乳制品产品线已基本完善，足以从功能上满足现代消费者的需求，但在众多品牌的冲击下，伊利与消费者的沟通环境愈加复杂，品牌吸引力也逐渐下降。

伊利把拉近与现代消费者的沟通作为营销切入点，在对目标市场进行进一步观察分析后，伊利关注到了现代消费者的消费需求趋向多元化。伊利产品指向的目标受众是关注营养健康的，各年龄层、各职业的城市居民人口，在生活水平提升的今日，目标消费群体表现出追求生活品质、注重自我保健、向往个性化等新消费关注点。伊利最终紧紧抓住城市消费群体繁忙及碎片化的生活状态，结合其多样化需求，提出了"温暖"与"健康"两个主题，从感性与理性层面与消费者建立联系，利用两场移动营销共同传递品牌价值，打造品牌形象。

二、核心策略：移动互动联结情感，深度参与传递理念

围绕"温暖"，伊利与网易合作，在冬天推出以"热杯牛奶温暖你爱的人"为主题的移动营销活动，深度挖掘用户真实生活中的小细节，形式上通过"手势＋情感"，全面传递"温暖"这一属性，打造了"为爱热牛奶""小温暖"和"刷新广告"这 3 个创意策划，并借助网易媒体力量整合移动端平台资源，融入游戏化机制，将"热牛奶"打造成人与人之间传递温暖的标签，把伊利品牌的温暖调性传

遍中国。

围绕"健康"，伊利将此次的营销目标定位在 18～28 岁注重乐趣的年轻人群。他们潮流、时尚、追求个性，生活状态上工作虽然忙碌，但追求多彩生活，他们希望通过简单好玩的方式解决生活中的问题，包括健康。针对营销目标消费群体，伊利提出了"让健康更好玩"的品牌理念。营销策略上，伊利以产品"伊利每益添"为核心，以"低糖更健康"的品类教育和概念普及为营销手段，以传达"让健康更好玩"的品牌价值为营销目的，将"低糖更健康"的社交话题营销与"健康大巴"移动营销相结合，通过与科技的跨界合作，强化消费者的参与体验，在引导人们关注健康、推广健康理念的同时，深化品牌形象。

借助两个移动营销活动，伊利旨在提升品牌理念，呈现伊利对消费者"温暖"的情感关怀与满足现代人们"健康"的理性需求，拉近与消费者的距离，强化联系，深化品牌形象，建立品牌价值差异化，提升品牌竞争力与辨识度。

三、内容互动层层递进，传递温暖，深化形象

在冬日寒冷的气氛中，伊利联合网易上线"热杯牛奶温暖你爱的人"营销活动。

为了在冬日全面营造温暖氛围，内容形式上，在网易新闻客户端，伊利"热杯牛奶温暖你爱的人"活动创新使用了下拉刷新广告，曝光力度较强；在渠道投放上，伊利"热杯牛奶温暖你爱的人"广告搭载了网易多款 APP 形成的移动矩阵，全方位投放，展现并传递伊利温暖的情感关怀。

刷新广告共有三大主题，按照时间，深秋感恩节、初冬小手套、飘雪圣诞节三版伊利"温暖"主题广告陆续上线。在寒冷的冬日，用户在网易客户端不经意间地向下一拉，一杯温暖的牛奶便出现在眼前，一丝暖意就这样不期而至。刷新广告日夜展现不间断，随时给用户送上温暖的感官体验，在保证强曝光度的同时，也触及了消费者心理弱点，品牌概念逐步输入。

渠道上，伊利调动了网易旗下各大平台的重磅资源，利用网易新闻、网易云音乐和网易云阅读客户端的开机画面以及网易新闻客户端的首页焦点图、活动广场、信息流广告等资源，实现了全方位的宣传，"冬天热杯牛奶温暖你爱的人"的主题得以进一步广泛传播。

1. 为爱热牛奶创意 H5 互动，激发全民热牛奶风潮。

通过刷新广告及其余硬广投放，伊利初步从广度上营造了温暖氛围，下一步伊利从深度入手，在感恩节前推出"为爱热牛奶"创意互动 H5，增添了多种"热牛奶"的互动体验。

进入 H5 界面，用户即可观看到精心设计的 flash 场景海报。用户在玻璃上用手指画出一张笑脸，擦去雾气，就会出现贴心的文字与动人的画面，这些互动与场景为用户烘托出温暖的氛围。

用户在进入温暖的氛围后，H5 页面将引导用户产生行动，指引用户用 3 个形象的手势"捂热"

"为爱热牛奶"创意互动

牛奶。这种新鲜好玩的做法不仅增加了受众的参与积极性，还通过虚拟的互联网平台呈现出"热牛奶"的行为，让他们产生联想，将"温暖"具象化。此外，因为一杯牛奶温度达60℃方可抽奖的游戏机制，用户纷纷邀请5位好友"组团"为自己加热，这种朋友间温暖传递的理念，最终激发起更广泛的全民主动传播热潮。

2. 年度深度内容策划，小温暖深化大共鸣

通过互动让受众感受温暖还不够，打造触及心灵的深度内容是进一步深化温暖理念的最佳选择。于是在冬至时，伊利携手网易联合策划了"小温暖"年度大事件专题，希望通过温馨故事的传递完成与受众的深度沟通。

"温暖"故事

专题由 7 位明星＋30 位草根＋4 个"温暖"故事组成：首先最吸引眼球的是包括林志颖、杨幂、李娜、袁泉在内的明星们说出他们关于温暖的故事，引发社会共鸣，制造热门话题；然后是达人部分，30 张温暖海报配 30 句走心文字诠释现实生活中切实存在的小场景、小情感，与受众脑电波共振；再加上吴秀波、柳岩、连岳和路彬彬 4 位 KOL 讲述自己的温暖经历，展现公众人物背后的小温暖，传递出"温暖，是我的人生态度"这个真实而朴素的观念；当然也鼓励普通用户参与进来，分享自己的温暖图片和故事，产出 UGC 内容。

围绕创意深度内容与移动互动体验传播，伊利借助网易的渠道资源，吸引了超过 1 000 万消费者参与温暖行动，伊利温暖的品牌形象逐渐走进人心，拉近了与消费者的距离。

四、移动科技强化体验，链接需求传递理念

伊利在冬日温暖主题的营销过后，在夏日聚焦"健康"问题，推出伊利"每益添"产品，制定移动＋科技的营销策略，以"低糖"为主线，向消费者传递"让健康变得好玩"的品牌理念，带来满满正能量。

伊利每益添广告

1. 概念放出，高逼格视频唤起关注

伊利每益添先是围绕健康大巴理念和功能，通过视频＋话题唤起受众关注。7月底，健康大巴宣传视频《史上最牛公交》以中文、英文两个语言版本登上各大视频网站。同时，通过漫画、趣闻等形式推出♯史上最牛公交车♯公交进化史♯等后续话题，以一系列趣味内容，增加与用户之间的互动机会，借此深度传播每益添健康大巴的信息，并为健康大巴体验日活动预热。

2. "健康大巴"上线，健康力量创新传递

在为伊利每益添打造了"低糖更健康"的舆论环境后，伊利推出全球首个公共交通健康检测系统，将公交车/地铁拉环，变为健康检测器。受众手握拉环即可计算并显示出身体机能指标，同步传输到手机，每天记录身体数据，每月对比自己的健康状态。将信息发送给朋友，还有机会获赠每益添5折电子优惠券。这一波营销从都市上班族的健康出发，在大家上下班出行的公交车或地铁的拉手上呈现，提醒大家要有健康意识。

伊利每益添租定200辆公交车，安装6 000个人体拉环。在"健康大巴"上，配备带有感应装置及 LED 显示屏的特殊健康拉环：当乘客手握拉环时，感应装置自动检测使用者的心率、体脂、平衡等多项健康指标，并显示在 LED 显示屏上。通过下载手机 APP，乘客随即可以建立自己的健康档案，并更加直接和便捷地监测、比较自己的健康状况。乘客也可以在这个 APP 上与微信好友互动，将自己的健康动态分享至朋友圈并获取每益添优惠券。

3. 明星站台，多平台扩散引爆讨论

8月3日健康大巴体验活动中，每益添邀请阮经天担任健康大使，并在微博、微信平台聚焦♯健康大巴♯话题，在此话题下用"神医阮经天""偶遇男神"等内容实现跨界联合，令健康话题与每

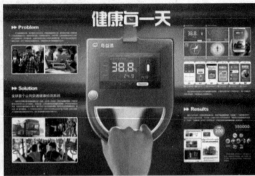

伊利每益添推出公交健康检测系统

益添品牌巧妙关联，充分诠释"让健康变得好玩"的品牌理念，引来众多粉丝参与。明星的参与让健康大巴在娱乐板块中抢占一席之地，使传播途径既丰富又有层次。

4. 深度挖掘，健康正能量再次升华

健康大巴体验活动，获主流媒体自发报道。伊利每益添借已形成的健康大巴话题和社会舆论，以"健康手环的自述""每益添花样健身"等内容主动解读健康大巴的现实意义，传递健康能量。伊利每益添"让健康变得好玩"的品牌使命和提醒大众关注健康的初衷在这一阶段得到进一步扩散。

伊利利用这个应用传感科技制造的小发明，搭载移动媒体平台，在大巴的场景下，连接了伊利品牌与消费者双方的需求，让品牌和消费者直接产生互动，并且鼓励消费者和消费者之间的动态分享。最重要的，伊利跨界打造的智能健康大巴开启了健康新模式，新鲜也好玩，并且体贴人心。

五、效果：移动营销强势曝光，共鸣感连接品牌与受众

借助两场移动营销活动，伊利围绕"健康""温暖"两张王牌，理性、感性共同出击，引起消费者强烈共鸣，不仅使品牌调性得以升华，强化了伊利品牌的特性，更将伊利的品牌与受众紧密地联系到了一起。

从营销效果上看，伊利的一系列营销活动，由于从内容上富有针对性地深耕了消费者需求，再借助移动媒体的传播，最终简单、直接地提升了曝光度与品牌美誉度，

在持续一个多月的伊利"为爱热牛奶"网易新闻 APP 互动活动中，活动参与量超过 1 000 万人次，曝光量超过 18 亿次；而覆盖 PC 与移动端的"小温度"年终策划专题，在不到一个月的时间里，点击量超过 450 万次，曝光量超过 25 亿次，强势提升了品牌曝光度，加深了消费者对伊利"温暖"品牌特性的认知，建立起了情感联系。

　　"健康大巴"移动营销活动上线后，在早晚上下班高峰期间，共吸引了超过 35 万人参与了活动，达成 30 万余次活动相关转发，并引发各大媒体争相报道。

　　健康大巴通过公交车拉环，利用科学的数据分析，向用户推送健康信息，由此建立起一个新的媒体形式；联合社交媒体形成热点话题，不仅帮助上班族打发挤公交的无聊时间，更使其对自身健康的关注度进一步提升，让健康真正成为时下关注的热点，让每益添成为倡导健康的第一时尚饮料，从而将"健康更好玩"的理念与伊利连接在了一起，进一步深化了品牌形象。

（整理/周晓琳）

- 广告主：微软公司
- 媒体：户外大屏、survivalbillboard.com、Twitch、数字 bannner
- 代理机构：McCann London ＋ Craft ＋ Momentum 伦敦＋ MRM 伦敦
- 营销类型：以户外营销为主的整合营销
- 实施时间：2015 年 11 月 13 日
- 核心策略：面对竞争激烈的单机游戏市场，Xbox 独辟蹊径，力求在众多竞争者中突围。其选择的核心策略，就是在内容与渠道上出其不意。在内容上，打造广告牌极限生存战，塑造"劳拉"更立体的人物形象，让全世界一起体验《古墓丽影》主角"劳拉"的磨砺，以展示劳拉的韧性和力量；在渠道上，Xbox 把游戏内容拉入户外渠道，将户外广告牌打造成娱乐频道，并通过线上直播、户外大屏直播及平台投票等，打通及整合线上、线下多个渠道参与其中。通过以内容联结游戏与人，以渠道打通虚拟现实，Xbox 力求为此项新游戏打造一场全新的、有创意的整合营销。

户外创意如何做整合营销？Xbox 打造"广告牌生存挑战赛"

在广告行业内，整合营销已经流行了 20 多年，在这期间，媒体环境也在不断变化。一方面，消费者接触品牌的渠道愈加多元化，渠道整合仍旧是巨大挑战；另一方面，传播载体也在不断合并，品牌若想在一个载体的不同渠道与受众进行互动，便需要更严谨的规划。此外，在技术应用与广告创意越来越紧密相连的环境下，整个整合营销团队各部分的完美配合也是营销活动效果好坏的关键。微软 Xbox 为宣传《古墓丽影：崛起》游戏而进行的这场整合营销，便是在这样的新环境挑战下做得有创意的一次尝试。

一、挑战：同期单机游戏市场竞争激烈

  Xbox 在 2015 年年底推出《古墓丽影：崛起》时，面临的最大挑战便是正处于激烈竞争中的单机游戏市场。在《古墓丽影：崛起》推出的同周，《使命召唤》《辐射》《光晕》《星球大战：前线》这些具有高知名度的游戏，也在一周里陆续推出，而户外作为传统战场上的大型游戏发布平台，也经历了瓜分屠宰的一周。在如此激烈的市场竞争环境下，Xbox 需要独辟蹊径，力求在众多竞争者中突围。Xbox 选择的应对策略，是在内容与渠道上出其不意。

  策略上，以内容联结游戏与人，以渠道打通虚拟现实。Xbox 将营销策略的执行时间设定在了游戏上线前夕，以让有关《古墓丽影：崛起》的讨论延续到销售的周末。

  内容上，Xbox 打造了一个真人版 24 小时极限生存比赛——"广告牌生存挑战赛"，8 个自愿参赛者身着统一的黑色连体衣和头盔被绑在户外广告大牌之上，承受着各种恶劣环境的考验。Xbox 希望利用广告牌极限生存战，塑造"劳拉"更立体的人物形象，让全世界一起体验《古墓丽影》主角"劳拉"的磨砺，以展示劳拉的韧性和力量，从而改变劳拉的形象，使她从一个美女形象蜕变成女主人公。

  渠道上，Xbox 把游戏内容拉入了户外渠道，将户外广告牌打造成娱乐频道，并通过线上直播、户外大屏直播及平台投票等，打通及整合了线上线下多个渠道参与其中。

二、执行：以大屏创建场景，整合渠道完善体验

1. 前期宣传全覆盖，内容聚焦高难度

  "广告牌生存挑战赛"营销活动在游戏正式推出前一个月便开始。Xbox 通过发布长篇形式的广告、海报、社交帖子和两分钟的广播节目宣传比赛，开始征集参赛选手。在宣传内容中着重宣传比赛条款的高挑战性，将比赛过程比喻为与《古墓丽影》中女主人公劳拉所处的恶劣生存环境，甚至警告报名者，各种低温潮湿的环境会让你产生幻觉。

  经过一期独立判定，Xbox 选出了 16 位候选者，最后有 8 位候选者在出示了完整的病史资料和医生的批准函后，通过了 Skype 面试，成为最终参与挑战赛的 8 个人。8 个人除了都是劳拉的忠实粉丝外，其身份各异：有游戏的狂热粉丝、休闲玩家、生存主义者、户外冒险家，还有大学生等。

  24 小时挑战里，8 位挑战者要站在伦敦的一块巨型户外广告牌上，24 小时捆绑不能动弹，接受各种恶劣天气考验。最终产生的唯一获胜者，将会赢得一次《古墓丽影》的圣地巡礼，即到游戏中

的场景所在地旅游。

2. 细节强化户外大牌,发挥线下直接冲击力

在比赛真正上演的时候,Xbox通过对各渠道及内容的整合规划,充分发挥户外的特色。

在时间与地域上,挑战赛选在2015年11月12日进行,而此后的即13日、14日正是游戏发布的周末,为话题留存了持续发酵的空间。比赛地点设定在伦敦桥旁,不仅正切合游戏内主人公的生活地,而且人流量密集,标志性、可识别度高。前期Xbox方面也通过与地方的谈判,确保不会造成通勤者或司机的危险。

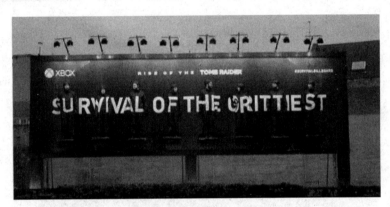

Xbox"广告牌生存挑战赛"

作为比赛场地的广告牌设置也十分关键,Xbox花了几个星期来测试每个天气效果,既要有挑战性,又不能影响视觉效果。下雪效果也花了他们很长时间用来研究材料,要逼真,还要快速融化——不能遮挡广告牌,同时亦要确保8人的天气平均分布。

户外广告牌作为视觉传达力最直接的媒体,视觉内容的设计呈现是重点,8个参赛者是视觉重点,在他们的衣服上便可以做文章。通过对参赛者的制服统一设计,Xbox把参赛者匹配为了广告牌文字的一部分,使比赛主题具有视觉冲击力地呈现。

3. 大屏整合渠道,全民参与营销

户外广告牌生存赛的营销内容打通了游戏与人的联系,但只有户外媒体,传播面还是有限及单一。Xbox便用大屏打通了虚拟与现实,使线上与线下相互配合,Xbox利用直播与网站投票互动、社交媒体等渠道配合来完善户外渠道的单一属性。不仅仅是8位参与者对游戏有感知,广大网民也被拉入营销中,搭建出全民浸入游戏的场景。

一方面,Xbox在广告牌马路对面安排了一个直播团队,通过网络直播将内容实时分发到了多个媒体渠道上。观众可以在survivalbillboard.com网站上以及推特等社交平台上观看直播,通过英国全国主要城市的多个大屏也能看到直播。直播团队还制定了一个内容计划,以保证团队足够的敏捷性,从而可实时响应不同平台的反馈,通过镜头语言与公众互动。

直播团队

直播页面

包括现场活动制作人、现场经理、直播负责人、社交领导、安全领导等团队成员每 30 分钟会见面，对参赛者、投票数据、总共评论和时间作出反应。团队参考来自不同在线渠道的数据，进一步调整相机角度、角色和天气效果，以抓住观众，制作叙事内容。

大屏直播

facebook 直播

另一方面，Xbox 也赋予了众多网民参与者领导和决策的能力，并且营销方会根据他们的意愿及时作出反应，增强了网友的互动性与积极性。网友可以在 survivalbillboard.com 网站上观看 8 人的直播，浏览他们的个人资料，并在规定的时间段里可在"大风""下雪""酷热"3 种虚拟的恶劣天气状况中投票，为 8 位选手制造生存挑战。Xbox 也推行了奖励机制，参与投票者有机会免费获得新游戏的数字版本，鼓励网民参与。

Twich 直播

投票虚拟天气

制造生存挑战

三、营销效果：受众触点丰富，话题性强，互动活跃

尽管"广告牌生存挑战赛"看上去与电视真人秀无异，但比起电视节目更有优势的是，线下的观感更具冲击力，并配合多种直播渠道，更能有效增加受众的接触点，提升了活跃度。

从数据上看，Xbox 的"广告牌生存挑战赛"也实现了与电视真人秀相近的广泛的受众参与、广泛的话题讨论以及娱乐性的效果。

直播数据上，22 小时内达到了 350 万次观看，共有 1.1 万个直接观看者；互动评论方面，一天内产生了 3.2 万条评论；户外广告方面，受众在广告牌前的平均停留时间是 8 分钟，比起普通广告牌 8 秒的停留时间是质的提升。2016 年戛纳广告节，"Xbox《古墓丽影：崛起》广告牌挑战赛"也获得了平面与户外类金奖 & 全场大奖等 17 项的肯定。

从话题性而言，"广告牌生存挑战赛"话题十足，对 Xbox《古墓丽影：崛起》的品牌建设非常充分，而在效果方面，并不追求针对性，所以在销售转化方面并没有显著的设计。

（整理/周晓琳）